dtv

Taxifahrer müssen Philosoph, Psychologe, Seelsorger, Reiseführer, Notarzt und Hebamme in einer Person sein. Ganz gleich wie verzweifelt, verwirrt, betrunken, unglücklich verliebt oder lebensmüde der Fahrgast ist – für eine Weile sitzt er bequem im Fond des Wagens, vermeintlich unsichtbar, zwischen zwei Orten in Bewegung und kann einfach nur reden. Der Kontakt zwischen Fahrer und Passagier ist flüchtig, aber vielleicht ist er gerade deshalb oft so intensiv. Jeder Taxifahrer kennt den Rhythmus seiner Stadt und die erstaunlichen, tragischen, komischen oder irrwitzigen Geschichten der Menschen, die sich in ihr aufhalten. Aber auch manch ein Fahrgast kann von außergewöhnlichen Begegnungen im Taxi berichten. In diesem Buch sind diese einmaligen Geschichten festgehalten.

Julika Jänicke, 1968 in Berlin geboren, studierte Anglistik und Romanistik und hat als Lektorin und Herausgeberin in München, Berlin und Leipzig gearbeitet. Sie lebt mit ihrer Familie in Leipzig.
Helmut Lotz wurde 1955 in Wuppertal geboren. Er ist Verleger und Herausgeber und lebt in Berlin.
Kai Precht, 1961 in Bad Oeynhausen geboren, studierte Kunstgeschichte, Literatur- und Theaterwissenschaften und arbeitet als Verleger, Herausgeber und Autor in Berlin und Namibia. Verschiedene kulturgeschichtliche Veröffentlichungen.

Taxi Geschichten

Herausgegeben von Julika Jänicke, Helmut Lotz und Kai Precht

Mit Fotografien von Burkhard Peter

Deutscher Taschenbuch Verlag

Ein Projekt der Edition diá
www.editiondia.de

Originalausgabe
Oktober 2002

www.dtv.de

Umschlagkonzept: Balk & Brumshagen
Umschlagfoto: © Michael Nischke
Gestaltung und Satz: Rainer Zenz, Berlin
Gesetzt aus der Caslon 10 pt
Druck und Bindung: Druckerei C. H. Beck, Nördlingen
Gedruckt auf säurefreiem, chlorfrei gebleichtem Papier
Printed in Germany · ISBN 3-423-20569-5

Inhalt

Burkhard Spinnen
Der Taxifahrer

Berlin, am Straßenrand. Ich sage: Alpha-Hotel, Ufnaustraße, Moabit. Doch der Taxifahrer schüttelt den Kopf. Ich schaue ihn an. Er schaut zurück. Die Stadt ist groß, es gibt so viele Straßen. Wer kann die alle kennen? Und hat es Sinn, zu pauken, nach dem Alphabet? Nein, das ärgert einen bloß und garantiert will keiner in die Straßen, die man kennt. Das kennt man.

Außerdem, ich seh es schon! Der Taxifahrer ist nicht von hier. Wenn er das wäre, dann wäre er kein Taxifahrer. Logisch! Der Taxifahrer kommt aus Mali. Oder Belgisch Kongo oder Polen, was nicht so wichtig ist, seitdem er weg ist, hat das Land den Namen gewechselt oder die Regierung. Die Industrie ist zusammengebrochen und die Landwirtschaft liegt am Boden.

Es hat auch Massaker gegeben, die werden von der UNO untersucht. Der Taxifahrer denkt daher nur selten noch an Mali oder Polen. Und wenn, verfährt er sich, nicht weil er sich nicht auskennt, nein, sondern mit Absicht. Das Fahrtziel, denkt er, ist eine Täuschung. Im Grunde sind wir alle fremd. – Idiot.

Nun geht es los. Schlecht fährt der Taxifahrer! Hoppla, die Bordsteinkante, arme Reifen, und schönen Gruß vom Getriebe, wieder nicht geblinkt und Runterschalten wär nicht übel! Der sollte besser fahren, denkt man, doch da denkt man falsch. Denn in Wahrheit fährt der Taxifahrer kaum. Die meiste Zeit steht er am Taxistand oder im Stau, vor einer Ampel, im Berufsverkehr. Nicht zu vergessen: Der Taxifahrer fährt nur da, wo er sich gar nicht auskennt. Und dauernd muss er suchen. Wie soll man dabei fahren lernen? – Kein Gedanke.

Außerdem hasst er die Autos. Und Taxis ganz besonders. Warum? – Wo das Taxi doch ein schönes, großes Auto ist. Ja, dumme Frage! Denn das Taxi gehört entweder jemand anderem, dann hasst der Taxifahrer es dafür. Oder es gehört ihm selbst, dann hasst er es, weil ihm der Fahrgast, einer wie der andere, den Spaß daran verdirbt. So ist das. Einfach zu verstehen.

Von hier betrachtet auch kein Wunder, dass der Taxifahrer unfreundlich ist. Lieber wäre er sonst wo, wenn es sein muss, auch in Afrika oder Polen, doch er muss im Taxi sitzen und am Taxistand stehen und sich ärgern, weil keine Fahrgäste kommen. – Scheißleben! Und kommt dann einer, dann macht der sich breit im Taxi. – Wie eklig! Weswegen ihn der Taxifahrer behandelt wie den letzten Dreck.

Das hat er schnell gelernt: stur hinterm Steuer sitzen bleiben, wenn einer mit schweren Koffern kommt. Maulen, wenn der Blödmann die Straße undeutlich ausspricht. Kein Kleingeld haben, wenn der Idiot mit einem Hunderter zahlen will. Quittung? – Nein, der Block ist alle. Ganz leicht, wie gesagt, jeder Taxifahrer kann das aus dem Effeff.

Aber das reicht noch nicht! Denn unfreundlich ist der Fahrgast auch. Ein Handy hat er immer dabei und droht mit der Polizei oder der Innung. Außerdem sitzt er, solange er nicht gezahlt hat, am längeren Hebel. Arschloch. Furzknoten, Sesselpuper.

Weswegen der Taxifahrer noch eins drauflegt und es dem Fahrgast recht ungemütlich und hässlich im Taxi macht. – Gut macht er das! Er raucht, damit es stinkt. Er trinkt Cola und schüttet welche über die Sitze. Das klebt. Dagegen kommt der Fahrgast nicht an.

Außerdem wirft der Taxifahrer überall was hin, Müll zu Müll. Er stellt die Lehne vom Beifahrersitz steil nach oben, das macht Rückenschmerzen nach hundert Metern, oder er stellt den Beifahrersitz ganz nach vorne, kein Platz für die Beine. Warum auch?

Sich selbst rasiert und wäscht der Taxifahrer nicht, er schneidet sich die Haare nicht und nicht die Nägel. Gern wird er dünn, noch lieber aber furchtbar dick, und wenn er altert, wird seine Haut sehr gelb und fleckig, sie schuppt sich an den Schläfen, und um die Wangen wird der Taxifahrer bläulich rot.

Wenn er ganz gemein sein will, der Taxifahrer, dann tut er was Persönliches ins Taxi, hängt an den Rückspiegel einen Babyschuh oder klebt ein Bild von Frau und Kindern ans Armaturenbrett. Da weiß der Fahrgast dann sofort, dass er hier stört. Und fühlt sich vollkommen fehl am Platze und wird ganz stumm und klein. Ganz elend. Geschieht ihm recht!

Ich schaue raus. Ist das wirklich Moabit? Kann sein, und was ist das? – Ach, jetzt spricht der Taxifahrer. Natürlich kein Wort zu verstehen! In Afrika wird anders gesprochen, in Polen auch, der Fahrgast hat sich darüber nicht zu beschweren. Soll er doch zu Hause bleiben, was will er in Afrika oder Polen, wenn er doch die Sprache nicht spricht? Na also!

Oder hab ich ihn jetzt doch verstanden, den Taxifahrer? – Nein, stimmt nicht, es klang nur so, im ersten Moment. Als redete er über Politik, einfach so, ungefragt und vor sich hin, oder über die steigenden Preise oder über die Zunahme der Baustellen. Aber das ist kein Reden und niemals zu verstehen, wenn auch die Worte leidlich bekannt sind.

Ich weiß, was es ist. Und ich sage es: Der Taxifahrer singt. Er singt ein Lied, ein Lied darüber, wer er ist und wie es ihm geht. Ich bin Taxifahrer, sagt das Lied, und mir geht es schlecht. Genauer wird es nicht, das Lied. Man erfährt nicht, wieso und warum, und erst recht nicht die schlimmen Details.

Antworten kann man darauf natürlich nicht, auf ein Lied! Nur mitsingen kann man, aber ich werd mich hüten! Denn dann wird der Taxifahrer böse. Dann beleidigt er mich, da, wo es am meisten wehtut. Oder er wird stumm und bleibt es bis zum Ende der Fahrt. Und das ertrage ich nicht. Das ertrage ich unter gar keinen Umständen!

Iva Pekárková
Ineinanderfließen

Der Himmel war vollkommen eingeschnürt von der Silhouette der Wolkenkratzer, die sich auf der Motorhaube spiegelte, frei schwebende blaue Streifen, die in Verbindung mit der gelben Farbe des Wagens magisch grün schimmerten. Über die Spiegelfläche der Motorhaube flogen abends weiße Möwen, bevor sie sich schlafen legten, und Jindra sah die blitzschnellen Reflexe ihrer eleganten Flügel sowie die dunklen, langsameren Schatten. Die Wolken jagten über den breiten Spiegel vor Jindra dahin wie vergilbter Bierschaum und das einzige Zeichen der Kommunikation war das Heben der rechten Hand. Das Taxifahren wird jemand, der nur so zum Vergnügen durch die Stadt fährt, um etwas dazuzuverdienen (am Wochenende oder zwei-, drei-, sogar viermal die Woche), niemals richtig kennen lernen. Erst wenn du sechs Tage die Woche arbeitest, oder sieben, mit einem freien Tag alle zwei Wochen (und an dem Tag hast du sowieso nichts zu tun, dieser freie Tag passt nicht in deinen Rhythmus, und dazu hast du noch ein schlechtes Gewissen, weil du an diesem Tag nichts verdienst, du keine siebzig, achtzig oder sogar hundertzwanzig Dollar im Socken hamsterst) ... erst dann bist du ein richtiger Taxifahrer, ein Taxifahrer, der seinem Namen Ehre macht, ein Taxifahrer, dessen Kopf todmüde und wie leer gefegt ist und der aus der Zeichensprache nur ein einziges Zeichen zu erkennen vermag, und das heißt: *Ich will ein Taxi! Taxi! Stehen bleiben!* Alles andere hat der Siebentagefahrer schon vergessen, und so bleibt außer der Bewegung des Mittelfingers nur ein einziger Buchstabe in seinem Kopf zurück, doch dieser in Millionen von Arten und Formationen: mit Bleistift geschrieben, mit Kohlestift, kalligrafisch gestaltet, mit einem Bambushalm auf Reispapier gemalt, mit Kreide auf Asphalt gekritzelt, als Graffiti auf eine Mauer gesprayt, anstatt Herzen in Baumrinde geritzt, mit Kugeln aus einer Neunmillimeter in eine Blechmauer geschossen. Dieser Taxifahrer muss eine einzige Geste erkennen, doch diese in allen nur möglichen Formen:

die herrschaftlich lässig gehobene Linke der Damen aus der Madison oder der Park Avenue, die mit der rechten Hand die Leine halten, an der ein Hündchen zerrt und sich dabei fast erwürgt;

das vertraute Winken der Geschäftsleute und Banker vor dem World Trade Center oder auf der Wall Street;

den flehenden, weichen Arm eines Musikers, der hinter einem Kontrabass oder anderen sperrigen Instrumenten hervorlugt, und dem völlig klar ist, dass er mit diesem Paket nicht ins Auto hineinpassen wird;

das Durcheinander von Armen, Beinen, Regenschirmen und Köpfen der verwirrten Touristen, die gerade aus der Broadwayshow auf die Achte Avenue hinauskommen und zu ihrem Entsetzen feststellen, dass diese inzwischen zu einem ratternden, knirschenden, hupenden und stinkenden gelben Fluss geworden ist;

die Siebentagefahrer kennen das selbstbewusste Ausbreiten der Arme der Brooklyner, die abends nach Hause zurückkehren, und weil sie ganz genau wissen, dass um diese Uhrzeit die Taxifahrer überhaupt keine Lust haben, nach Brooklyn zu fahren, stellen sie sich einfach auf die Fahrbahn und versperren den Autos den Weg; die Taxifahrer kennen den *Blick,* mit dem man, ohne einen einzigen Wink, vor einer Bar sogar fünf Wagen stoppen kann;

die Fahrer der gelben Taxis wissen, dass man in Manhattan, unterhalb der 96. Straße, nur mit dem Heben eines Armes (»Sieg-Heil-Geste«) das Taxi anhält, während in Harlem, in Queens, in der Bronx und in Brooklyn die Hand gehoben wird, mit der Handfläche nach unten, und diese Hand geht auf und schließt sich wieder, und wenn jemand dieses Zeichen beispielsweise vor einer Bar in Midtown macht, kann man ziemlich sicher sein, dass er sich irgendwohin nach Boroughs kutschieren lässt;

die Taxifahrer kennen das verzweifelte Winken, mit dem Rollstuhlfahrer versuchen sich ein Taxi herbeizubetteln;

an der kumpelhaften Handbewegung der Nutten können sie erkennen, ob das Mädchen versucht sie einfach so anzuhalten (vielleicht möchte sich auch der Taxifahrer einen blasen lassen) oder ob sie für heute wirklich schon Schluss gemacht hat und nur wünscht zurück nach Jersey gefahren zu werden.

Die richtigen Taxifahrer kennen all diese Gebärden, und noch Hunderte weiterer, und trotzdem scheint es ihnen ab und zu mal nach einer langen Schicht in den frühen Morgenstunden, als würden unter den Lichträndern der Laternen, beleuchtet von den Scheinwerfern der entgegenkommenden Autos, Phantome hervortreten, die sich zwischen den parkenden Wagen verborgen hielten; dass ihnen das Verkehrsschild zwei Blocks weiter in der nächsten Sekunde zuwinken und wünschen würde nach Brooklyn gefahren zu werden; dass die silbernen und schwarzen Hydranten auf dem Bürgersteig in Wirklichkeit Zwerge seien, die ihnen einen Armstumpf entgegenstrecken.

Und dann treten sie auf die Bremse, das Trägheitsgesetz zwingt sie aus dem Fahrersitz und wirft sie gegen das Lenkrad, und sie fluchen, reiben sich die Augen und fahren weiter über die menschenleere nächtliche Straße.

»Kannst du dich an den Kerl erinnern, Gin, ich meine, an die Statue, die auf der Park Avenue und der 48. gestanden hat?«, fragte Geoffrey, Jindras Kollege. »Der Geschäftsmann, der dort aus einem der Eingänge stürmt, mit einer Aktentasche in der Kralle, seinen Mantel über den Arm geworfen, und der mit der Hand wedelt, als ob er ein Taxi wolle? Also, diese Statue musste man in das Gebäude stellen, und weißt du, warum?«

»Weil vor ihm die Taxis angehalten haben?«

»Weil dort ein Unfall nach dem anderen passierte: Die Taxifahrer überschlugen sich fast, dort stehen zu bleiben! Und die Polizei hatte es satt.«

Nachts zu fahren ist anders als tagsüber: Zwölf Stunden von fünf Uhr morgens bis fünf Uhr nachmittags sind zwölf Stunden Kampf gegen den Verkehr, der vor acht dichter wird, ab zehn nachlässt, in der Mittagszeit verschwindet und dann ab etwa drei Uhr wieder dichter wird (falls kein Potentat in einer Limousine in die Stadt kommt und diese Ordnung durcheinander bringt; falls nicht die eine oder andere Avenue wegen irgendwelcher Demonstrationen, Märkte oder Feierlichkeiten gesperrt wird; falls Manhattan nicht im Schnee versinkt, so dass ganze Straßen unbefahrbar werden und sich die Autokolonnen auf den Hauptstraßen durch grauweißen Morast quälen). Doch um halb fünf oder Viertel vor fünf, wenn das Geschäft bestens laufen könnte und die Fahrgäste sich auf der Straße tummeln, musst du dann das OFF DUTY-Zeichen einschalten und in die Garage flitzen, um rechtzeitig dort zu sein.

Die Zeit von fünf Uhr abends bis fünf Uhr früh ähnelt dagegen einem Wunderteppich, einer Zeitmaschine, die dir an einer Stelle ein paar Stunden abschneidet und an einer anderen wieder dranhängt; an Montagen um Mitternacht ist es genauso ausgestorben wie am Mittwoch um halb drei, und in der Nacht zum Sonntag, wenn's gut läuft, hast du bis zum Morgengrauen alle Hände voll zu tun, und manchmal sind noch um drei, vier Uhr morgens die Avenues selbst an den unerwartetsten Stellen voll gestopft mit Ausflüglern, die sonst hinter dem Hudson zu Hause sind und die mit fürchterlichem Gehupe und Geschrei versuchen sich nach Jersey durchzuschlagen, die beiden Tunnels sind zu eng für sie, und wenn dich irgendwo an der Ecke 29. und Zehnte Avenue ausgerechnet jetzt eine Hure zu sich winkt, weil sie nach Hause fahren möchte, dann – bis du mit ihr durch einen der Tunnels durchgekommen bist und bis ihr auf der Autobahn I-5/I-9 (die von den Schatten der Paneele, unter denen du hindurchrast, schräg gestreift ist) und durch die zahllosen Überführungen und Unterführungen und Übergänge und Auffahrten am Hotel, in dem sie wohnt, angelangt seid – habt ihr mindestens eine Stunde Zeit zum Plaudern: über ihren Boyfriend, der sie umbringt, weil sie nur knapp acht Hunderter nach Hause bringt, über die mangelnde Bissfestigkeit der Kondome Marke *Lifestyles* im Unterschied zu den Präservativen Marke *Ramses,* über den AIDS-Virus, an dem vor kurzem ihre Freundin zugrunde gegangen ist, aber sie selbst habe es nicht, Gott kann es bezeugen, darüber, dass es sich heutzutage kaum noch lohnen würde – auch wenn man im Voraus zwei Hunderter zugesteckt bekommt –, sich zu einem ins Auto zu setzen und sich was weiß ich wohin fahren zu lassen, denn die Sadisten/Bekloppten/Kretins/professionellen Mörder bringen heute Huren aus purer Lust an der Freude um oder wegen Geld, als wüsstest du das nicht selbst, bei Taxifahrern ist es genau das Gleiche. Ich müsste schon den Mund halten, es tut wahnsinnig weh, rechne das doch einmal zusammen: Wenn du in einer Stunde so um die vier, fünf oder auch zwölf bläst, dann kommt in einer Samstagnacht (wenn die Johnnys in ihren Autos Schlange stehen zum Blasen!) schon einiges zusammen ... aber jetzt muss ich wirklich meine Klappe halten!

Und du weißt, dass du gerade eine dreiundzwanzigjährige Hure aus Carolina nach Jersey gefahren hast, die Sonnenschein heißt; früher hat sie in einem Kentucky Fried Chicken gearbeitet, aber ich sage dir, keiner von diesen Johnnys stinkt so widerlich wie Brathähnchen, das kannst du mir glauben. Vor dem Hotel steigt sie aus, bezahlt, gibt noch ein, zwei, drei Dollar dazu (weil wir so schön miteinander plaudern konnten), und wenn du dann wendest (da steigt die Sonne schon am Himmel), kommt es dir so vor, als würdest du dich Manhattan nicht auf einer Betonautobahn nähern, sondern als würdest du durch das tiefe Tal der rötlich grauen Narbe stürmen, der Narbe, die dem Mädchen namens Sonnenschein von ihrem Verflossenen mit einem Messer in die Wange geritzt wurde, vom Kiefergelenk bis zum Augenwinkel, und das alles deshalb, weil sie ein paar Dollar zur Seite gelegt hatte, um sich davon H zu kaufen. (Aber nur ein kleines bisschen, weißt du?)

Wenn die Nachtfahrer zu Hause ankommen und ins Bett fallen, läuft in ihrem Kopf ein Band von all dem ab, was sie an diesem Tag gesehen haben und wo sie durchgefahren sind. Falls sie jedoch täglich in die Straßen hinausfahren, erleben sie viel mehr, als sie sich wünschen, und davon bekommen sie Kopfschmerzen, der Magen tut weh, der Rücken, die Leber …

Und so bauen die Fahrer Barrieren gegen eine zu genaue Wahrnehmung auf, sie setzen sich Scheuklappen auf wie Zugpferde und – damit nicht zu viel von der Stadt nachts in sie eindringt – wappnen sich dagegen. Durch die unwiderlegbare Überzeugung, *sie* seien doch gar keine Taxifahrer. Sie seien ja Schauspieler. Und Schriftsteller. Drehbuchautoren. Und Maler. Durch die Überzeugung, dass *sie* nicht zum Taxifahren geboren sind, dass sie diesen Job nur vorübergehend machen, um schnelles Geld zu verdienen, weil sie Familien in Pakistan, im Pandschab, auf Haiti, in Nigeria haben, weil ihre Mutter in einem Dorf in der Nähe von Budapest seit einem Jahr an Krebs stirbt und man Geld braucht für die Flugtickets, falls …

Die Fahrer bauen ihre privaten Schutzwälle gegen die Stadt auf. Sie ziehen sich jeden Tag Armbänder mit Metallspitzen an, wie die Halsbänder, die man den Wachhunden umbindet. Die geladene Knarre verstecken sie unter der Achsel, im Stiefel oder im Ärmel ihrer Lederjacke, aus dem sie – wenn sie es können – mit einer einzigen Armbewegung das Schießeisen in ihre Hand flutschen lassen und der Abzug direkt unter dem Zeigefinger landet.

Sorgfältig schließen die Fahrer von innen die Türen ihres Ersatzzuhauses, damit kein Unbefugter eindringen kann. Das Absperren der Türen ist offiziell allerdings verboten, genauso wie das Tragen einer Waffe, wenn auch die Geldbuße für die Tür nur fünfzig *bucks* beträgt. Wegen der Knarre könnte man dagegen schon in den Knast gehen. Unter keinen Umständen dürfen die Taxifahrer eine Waffe bei sich tragen. Unter dem Autositz verstecken sie Baseballschläger, Schraubenschlüssel und angespitzte Kreuzschlitzschraubenzieher, die nach der juristischen Definition nicht als Waffe gelten, die jedoch zwischen die Rippen wie in Butter gleiten … und du hast es hinter dir.

Die Fahrer schotten sich von der Stadt ab, von ihrem Lärm und ihren Launen, durch Radiomusik, die, beim richtigen Sender, das gelbe Auto mit einem fröhlichen Rhythmus ganz ausfüllt und kein anderes Geräusch hineinlässt: weder das Quietschen der Bremsen noch das Sausen der Reifen anderer Autos, weder das Gebrüll der Säufer noch das Klicken der Relais in den graugrünen Kisten, die an Pfählen an jeder Kreuzung hängen und den Betrieb der Ampel regeln (sie innervieren das Herz der Stadt, sie kontrollieren ihren Puls). Die Musik lässt weder das Knarren der Lastwagen noch das Rauschen der Bäume im Wind hinein, auch nicht das Flehen der Bettler oder Gezeter und Geschrei, und sogar die Sirenen der Kranken-, Feuerwehr- oder Polizeiwagen dringen durch die breite, weiche, bequeme Wand aus Musik nur als dunkle, gutturale Töne hinein, als würden sie uns überhaupt nichts angehen.

Die Fahrer, die sieben Tage in der Woche fahren (mit einer kleinen Pause jeden zweiten Sonntag), sondern sich von der Stadt und von der Nacht ab mithilfe sorgfältig geschlossener Fenster (denn die perfekt aufeinander abgestimmten Gaunerpärchen, von denen der eine steuert und der andere klaut, fahren durch die Stadt und halten nach einem heruntergekurbelten Fenster Ausschau, hinter dem ein nichts ahnender Taxifahrer sein hart verdientes Geld nachzählt; und so passiert es nicht allzu selten, dass neben dir ein Schlitten mit Rauchscheiben anhält, eine Hand zum Vorschein kommt, die nach deinem Geld schnappt, und noch bevor du die Augen heben kannst, ist – *zoom!* – der Schlitten weg samt deinem Verdienst).

Manche Fahrer lassen sich von den Fahrgästen durch eine Plexiglasscheibe trennen; die angeblich schusssichere Scheibe schützt den Fahrer vor dem Fahrgast, und jeder Fahrgast muss, bevor er aussteigt, das Geld in eine lustige Vorrichtung stecken, eine Schaukel, die sich ihm leer nähert und dann beladen zum Fahrer zurückschwingt.

Die leeren gelben Wagen kämpfen sich durch die Stadt, mit einem gelben Löwenzahn auf dem Dach, um für alle gut sichtbar zu sein.

Sobald ein Fahrgast ins Auto steigt, drückt man auf dem kleinen Kästchen des Taxameters den Knopf HIRED/BESETZT und das Lämpchen oben erlischt. Man ist vergeben. Auf dem Display leuchtet $ 1,50 auf und alle vier Blocks kommen 0,25 dazu. Wenn man am Ziel ankommt, drückt man die Taste TOTAL, auf dem Display erscheinen die roten Buchstaben VACANT/FREI und auch der Löwenzahn auf dem Dach leuchtet wieder auf. Etwa fünfzehn Sekunden lang bleibt die Information zu dieser Tour im Taxameter erhalten – und wenn man während dieser Zeit den Knopf PRINT drückt, sollte auf einem Blatt alles herauskommen, was das Taxameter darüber weiß: wann die Fahrt mit diesem Fahrgast begonnen und wann sie geendet hat, wie viele Meilen man gefahren ist und was es gekostet hat. Nach fünfzehn Sekunden verschwindet diese Information, sie verliert ihre Individualität: Sie wird zu Hunderten, Tausenden oder sogar Millionen früherer »Ausflüge«, Trips, dazugerechnet und die einzigen Informationen, die übrig bleiben, sind:

NUMBER OF TRIPS/ANZAHL DER FAHRTEN
TOTAL MILES/ANZAHL DER GEFAHRENEN MEILEN
LIVE MILES/ANZAHL DER MEILEN MIT FAHRGAST
NUMBER OF UNITS/ANZAHL DER TAXAMETEREINHEITEN

Anders gesagt: Das Taxameter mischt alles zusammen, die Informationen darin schrumpfen, verdichten sich, verlieren ihre Eigenart, damit die Kapazität in diesem kleinen Rechner ausreicht.

Nach dem gleichen Prinzip vermengen sich in den Köpfen der Fahrer die Tage und Nächte, die man durch die Stadt gefahren ist. Die Erlebnisse sind keine Erlebnisse mehr, die Geschichten keine Geschichten. Stattdessen bleibt in ihren Gehirnwindungen nur eine einzige Geschichte erhalten, eine lange, verwickelte, verknotete Geschichte, als hätte auf dem Asphalt jede von diesen Begebenheiten einen einzigen endlosen Zwirn von einer Spule abgerollt.

Auf der Spule in Jindras Kopf wurden ganze Filmsequenzen aufgenommen, an die zweihundert Meilen täglich ... und jeden Morgen beim Einschlafen spulte sich diese Aufzeichnung in ihrem Kopf ab, sie wurde zurechtgeschnitten, bevor sie in Vergessenheit geriet oder zu etwas Alltäglichem wurde. Tage und Nächte flossen zu einer einzigen gelblichen Masse ineinander, das Filmband schmolz, so dass man nur schwer hindurchsehen konnte, und jedes Mal wenn sie ins Bett ging und das Gurren der erwachenden Tauben hörte, klang die Stadt in ihr wie ein einziger klarer und scharfer Ton eines goldenen Gongs nach.

Aus dem Wirrwarr dieser Träume, der guten und der bösen, der berauschenden und der ermüdenden, tauchte einer auf, der fast jede Nacht auf die Leinwand hinter ihren Augen projiziert wurde.

Sie rast unerträglich lange mit ihrem Taxi über Brücken und Autobahnen und Kreuzungen; durch Wälder, über Berge und Wüsten; in ihrem Wagen sitzt ein grüner Fahrgast, der sie in einer merkwürdigen Sprache beschimpft und mit einem gespaltenen Stock – wie die flinke Zunge einer Schlange – auf sie einsticht. Das Taxameter ist eingeschaltet und leuchtet wie ein Neonlicht in der Dunkelheit, in regelmäßigen Intervallen blinkt dort ein rotes Lämpchen. Und obwohl Jindra seit bestimmt zweitausend Jahren fährt, zeigt das Taxameter noch immer nur $ 1,50 an.

Walter Saller
Monica

Monica hatte kein Ziel. Jedenfalls keines, das man mit einem Auto erreichen konnte. Aber das wusste Musa noch nicht, als er vor dem Mamba Point Hotel in ein Taxi stieg, das kaum mehr war als ein Haufen dottergelben Schrotts.

In Schlangenlinien kroch das Taxi am Meer entlang. Ein Mondsplitter war aufgestiegen über dem alten Monrovia, das auf einer Zunge aus schwarzem Fels und roter Erde liegt, die weit hinaus in den Atlantik ragt. Die Straße war so zerlöchert, als hätte es Bomben gehagelt. Und wenn der Wagen in eine Grube geriet, verfluchte der Fahrer alles, was ihm gerade in den Sinn kam. Den Krieg, die Regengüsse, den Präsidenten. Und vor allem die Mandingo.

»Sie stehlen den Teer«, behauptete der Chauffeur, der zum Volk der Grebo gehörte und Siapha hieß.

»Wozu?«, fragte Musa.

»Um die Löcher in ihren Dächern abzudichten natürlich«, sagte Siapha. Und er sagte es in jenem Ton, in dem man einen Narren, der nun gar nichts von der Welt weiß, über die selbstverständlichsten Dinge aufklären muss.

Am Straßenrand schwelten Abfallhaufen. In ihrem Schein konnte Musa Frauen sehen, die Mais über der Glut des Mülls rösteten. Feigenbäume drängten heran an die Straße. Die Wildnis kehrte zurück nach Monrovia, das einmal eine Stadt der Villen und der Gärten gewesen war. Jetzt war es ein Ort der Fledermäuse, die kaum eine Handbreit über den Ruinen flatterten. Manchmal streiften sie Dächer, so als würde das Gewicht der feuchten Luft schwer auf ihren Flügeln lasten. Es waren Tausende von Fledermäusen. Der Bürgerkrieg und die Höhlen der geplünderten und zerschossenen Häuser hatten sie ausgebrütet.

Eine Brise vom Atlantik kühlte die Luft. Doch das Taxi bog ab vom Meer in Richtung Zentrum, wo es keinen Wind gab und die Hitze wie eine Glocke hing. Musa begann zu schwitzen. Zwischen den Skeletten der Häuser flackerten Feuer und beleuchteten all die Verschläge aus Holz und Steinen, die sich an Schutthaufen und Mangobäume lehnten. Monrovia war ein einziges Flüchtlingscamp. Wie Laub hatte sie der Sturm des Kriegs in die Stadt gewirbelt. Aus der Region der Kpelle, der Bassa, Grebo und Mandingo, der Kru, Kissi und Krahn. Damals, als die »Geister« Amok liefen in Liberia.

Das Taxi schaukelte, Siapha murmelte seine Verwünschungen und Musa versank in jenen Zustand dumpfer Gedankenlosigkeit, wie ihn brütende Schwüle und unaufhörliches Schwitzen hervorbringen. Plötzlich traf ihn ein Kinnhaken. Siapha war auf die Bremse gelatscht und Musa gegen den Vordersitz geknallt.

Der Fahrer fluchte. Musa rieb sich das Kinn. Die Schrottkiste stand, der Motor war abgewürgt und die Strahlen der Scheinwerfer irrten durch die Nacht wie die Augen eines Chamäleons. Der eine blickte hinauf zu den Baumkronen und der andere schnitt einen nackten Jungen aus der Dunkelheit. Er lief mitten auf der Straße und schleifte an einem Stück Draht einen toten Hund hinter sich her.

Die Scheinwerfer verlöschten.

»Warum hast du das Licht ausgemacht?«, fragte Musa.

»Wegen der Batterie natürlich.«

»Fahren wir denn nicht weiter?«

»Ohne Anlasser?« Siapha stieg aus. Musa folgte ihm. Zum Schieben. Er wusste, dass im Monrovia der Nacht eher der Messias erscheinen würde als ein anderes Taxi.

»Besser, du setzt dich wieder hinein«, sagte Siapha. »Einer wie du ist zu schwach.«

»Ach, du willst es wohl alleine schaffen?«

»Wieso ich?«

»Und wer wird schieben?«

»Die da.« Siapha zeigte in die Richtung, aus der sie gekommen waren, und ging los. Musa trottete hinterher. Feigen säumten die Straßenränder. Es stank nach Exkrementen, offenen Feuern und fauliger Vegetation. Doch dann, und mit der Plötzlichkeit einer Vision, erschien zwischen den Bäumen eine von Fackeln erhellte Schneise. Dort hatten sich Männer um eine Badewanne versammelt. Sie thronte auf Betonklumpen und an ihrem Boden leckte ein Feuer. Die Männer rührten in dem schlammigen Sud, der in der Wanne brodelte.

»Palmöl«, sagte Siapha und ging zu den vor Schweiß glänzenden Männern.

Musa blieb am Rand der Lichtung, wo eine Reihe von Toilettenschüsseln stand, in denen Cassavawurzeln einweichten. Die Ölkocher waren vom Stamm der Krahn, und Musa, der ein Bassa und Moslem war, verachtete sie. Wegen ihrer Fetische, ihrer Masken, ihrer ganzen Hexerei. So wartete er an der Grenze zwischen Fackellicht und Dunkelheit.

Auf einmal war diese junge Frau da. Monica. Sie war lang und dünn wie ein Schattenriss, trug einen Fetzen, der ihre Nacktheit mehr betonte als verhüllte, und am Flechtwerk ihrer Frisur und den Ziernarben auf den Wangen konnte Musa erkennen, dass sie eine Kissi war, heidnisch wie die Krahn an der Badewanne.

Zwei Männer folgten Siapha. »Du wirst ihnen etwas zahlen müssen«, sagte er und meinte Musa.

»Aber es ist dein Taxi!«

»Und du willst nach Hause.«

Sie gingen zurück zum Wagen. Monica kam einfach mit.

Die Krahn waren kräftig und auch Musa schob. Der Motor sprang an, der Schrotthaufen erzitterte und eine Wolke aus Rauch und Dieselruß stieg auf. Musa war nass wie nach einem Regen und der Schweiß brannte in seinen Augen. Er gab jedem der Krahn fünf liberianische Dollar. Dann stieg er ins Taxi und nahm wieder Platz auf der Rückbank. Dort saß schon Monica. Mit zwei Bierflaschen voll Palmöl. Siapha gab Gas.

»Was macht die hier?« Man konnte hören, dass Musa ärgerlich war.

»So! Du willst mich hinauswerfen! Hast du denn gar keinen Anstand? Es ist Nacht und ich bin eine Frau.«

Der Angriff überraschte Musa und er ließ die Perlen seiner Gebetskette durch die Finger gleiten.

»Ah! Ein Moslem!« Monica verdrehte die Augen. »Einer von denen, die ihrem Gott fünf Mal am Tag dafür danken, dass sie nicht als Frau geboren wurden.«

»Mit einer Halbnackten im Taxi zu sitzen ist *haram*«, sagte Musa. »Und Gott vergisst keine Sünde.«

»Da hat dein Gott aber viel zu tun«, stichelte Siapha. »Selbst wenn er sich nur die Sünden von hier bis zum Meer merken muss.«

Das Taxi brauste durch die Nacht. Die Anwesenheit der Frau schien Siapha anzustacheln. »Sie fährt in deine Richtung«, sagte er und zwinkerte Musa im Rückspiegel zu.

»Was treibst du dich hier herum? Mitten in der Nacht und bei den Krahn?«, fragte Musa.

»Ich arbeite. Für mein Kind.«

So eine war sie also, dachte Musa. Und das stinkende Öl war sicher ihr Lohn. »Eine Mutter sollte zu Hause sein«, sagte er streng.

»Und was werden wir essen? Steine?«

»Gibt es denn keinen Vater?«

»Er ist ein Kru«, sagte Monica, so als würde das alles erklären.

Musa gab auf. Mit der war nicht zu reden. Aber eben hatten sie Monrovia verlassen und vorne, an der großen Kreuzung, musste sie ja aussteigen. Denn ein paar Fußminuten von dort und halb schon im Busch lag die letzte Siedlung vor seinem Dorf, wo es gewiss keine Frau gab wie diese.

Das Taxi fuhr über die Kreuzung.

»Stopp!«, rief Musa. »Stopp!«

Siapha ließ den Wagen ausrollen. »Was willst du hier?«, fragte er und zeigte hinaus in die Finsternis, in der nicht einmal der Funken eines Feuers zu sehen war.

»Sie wird hier aussteigen!«

»Wieso sollte ich?«, sagte Monica.

»Raus!«

»Ah! Er will mich loswerden! Er denkt, dass ich die Gummikrankheit habe.«

»Deine Krankheiten sind mir egal.« Jetzt war Musa wirklich böse.

»Siehst du«, sagte Monica zu Siapha, »sogar todkrank würde er mich auf die Straße werfen.«

»Raus!« Musa griff nach Monica. Das war ein Fehler. Denn er bekam nur ihren Fetzen zu fassen und dann saß sie da, mit nackten Brüsten. Siapha pfiff durch die Zähne. Er hatte sich umgedreht, die Innenbeleuchtung angemacht und starrte die beiden so begeistert an, als würden sie ein Theaterstück aufführen.

»Er will es gleich im Taxi treiben!«, schrie Monica. »Und dabei habe ich nur Hunger!«

Musa war erschrocken über diese Entwicklung und am liebsten wäre er davongelaufen. Aber ins Dorf waren es noch fünf Kilometer. Er fasste in die Hosentasche und zog einen Schein heraus. Auch das war ein Fehler.

»Zu wenig für eine Nacht.« Monica bedeckte ihre Brüste.

»Es ist fürs Essen, nicht für die Nacht.«

»Er redet nur vom Essen«, sagte sie zu Siapha. »Wie ein Menschenfresser.«

Musa griff noch einmal in seine Hosentasche.

»Dreckiges Papier«, sagte Monica und warf die beiden Scheine auf den Boden. »Gib mir US!« Sie meinte amerikanische Dollar. Und dann krallte sie sich mit ihren Fingernägeln in den Sitz und schwor bei allen Göttern und Teufeln des Busches, dass sie das Taxi nicht ohne »richtiges Geld« verlassen würde.

»Los! Bring mich nach Hause!«, sagte Musa und tippte auf Siaphas Schulter. »Und dann fahr zur Hölle mit ihr.«

»Los!«, ermunterte auch Monica Siapha. »Und wenn er dann

aussteigt, werde ich nur einen Schritt hinter ihm sein und schreien, dass er einer Mutter das Kleid vom Leib gerissen hat.«

»Raus!«, brüllte Musa und packte Monica. Diesmal an den Haaren. Das war sein größter Fehler. Monica biss einfach zu. Musa jaulte auf und schlug ihr ins Gesicht. Für einen Moment war es ganz still im Wagen und alle drei schienen verblüfft über den Lauf, den die Dinge genommen hatten. Dann begann Monica zu kreischen. Ihre Nase blutete, ihr Haar hatte sich in ein wirres Nest verwandelt und in einem fort schüttelte sie sich wie ein nasser Hund.

»Sieh nur, was du angerichtet hast«, sagte Siapha.

Musa schwieg und schwitzte und Monica winselte. »Polizei, Polizei.«

Der Schweiß lief Musa in die Augen. Er wusste, dass sein Geld nicht reichte für das Taxi, das Schmerzensgeld und all das Bier, das er für die Polizisten würde kaufen müssen.

»Ich gebe dir zweihundert«, sagte er zu Monica. Umgerechnet waren das fast fünf amerikanische Dollar.

»Ich nehme kein Geld von einem Totschläger!«

»Zweihundertfünfzig.«

»Mörder!«

»Wartet«, sagte Siapha. »Ich habe einen Vorschlag.« Und dann erklärte er den beiden, wie die Sache am besten zu regeln sei. »Er gibt mir fünfhundert fürs Taxi und fünfhundert für dich. Anschließend gebe ich dir das Geld und du brauchst es nicht von ihm zu nehmen.«

Musa zahlte sofort. Doch als er sich wieder zurücklehnte auf der Rückbank, sagte Monica nur ein einziges Wort: »Raus!«

Das Taxi brauste davon. Musa begann zu gehen. Auf den ersten Kilometern ärgerte er sich nur über das viele Geld, das er verloren hatte. Und über den Fahrer, der ihm nicht geholfen hatte. Aber vielleicht, dachte er später und schon kurz vor seinem Dorf, hat mir Siapha ja auch das Leben gerettet. Denn das war keine Frau gewesen, sondern ein Dämon. Ein liberianischer Buschteufel.

Andreas von Klewitz
St. Franziskus

Es ist einige Jahre her, als in Polen noch der Geist des alten Jahrhunderts wehte und eine Fahrt sehr schnell zu einem Abenteuer werden konnte. Ich hatte damals eine Einladung von Freunden zu einer »Nachtpartie« im Wald angenommen, um nicht das hässliche Wort Jagd zu benutzen, war jedoch verspätet an dem Bahnhof der Kreisstadt angekommen und fand dort niemanden mehr vor.

Zum Umkehren war es zu spät, ein Hotel zu beziehen aufgrund der mangelnden Ortskenntnisse auch nicht ohne fremde Hilfe möglich, also lief ich in das ausgestorbene Örtchen hinein, dessen trauriges Äußeres nur von ein paar schwachen Funzeln erhellt wurde. Hier bellte ein Hund heiser hinter einem Zaun, dort brannte noch Licht im Fenster, auf der Straße jedoch keine Menschenseele. Ich schaute auf meine Uhr. Halb zwölf. Die Tasche begann mir schwer zu werden, weiterzulaufen machte mir keinen rechten Sinn mehr, aber was blieb mir übrig? Eine Bank zum Schlafen aufzusuchen schien mir ungezogen in einem Land, in welchem vor kurzem noch sozialistische Ordnung geherrscht hatte. Außerdem war ich inzwischen schon viel zu weit gelaufen, hatte auch gar nicht auf die Straßen geachtet, die ich gegangen war, also blieb ich stehen, öffnete mein Gepäck und nahm eine Zigarette heraus. Verdammte polnische Eisenbahn, dachte ich beim Anzünden, können die nicht einmal in ihrem Leben etwas richtig machen? Polnisches Geld zum Telefonieren hatte ich natürlich auch nicht bei mir, und selbst wenn, wo hätte ich telefonieren können? Telefonhäuschen waren weit und breit nicht zu erkennen, Mobiltelefone gab es damals noch keine.

Jetzt stand ich in der Finsternis und wusste weder vor noch

zurück. Von irgendwoher läutete eine Glocke, vielleicht von einer Kirche oder einem Rathaus, also beschloss ich dem Geläut nachzugehen, doch kaum war ich ein paar Schritte in die eine Richtung gelaufen, da wechselte der Wind und es schien mir, als ob es jetzt aus der entgegengesetzten Richtung käme. Ich hatte mich auf eine Bank an einem Park oder Friedhof niedergelassen, war wohl nach dem Genuss meiner letzten Reiseverpflegung eingeschlafen, als ich plötzlich hinter mir ein Motorengeräusch aus der Eintönigkeit nächtlicher Lebenszeichen hörte. Ich stand auf, schaute in die Richtung, aus der das Geräusch zu kommen schien, und erblickte einen einzigen Scheinwerfer, der sich zitternd über das Katzenkopfpflaster auf mich zubewegte. Da ich das Gefährt für ein Motorrad hielt, schritt ich auf den Fahrdamm und wurde um ein Haar überfahren.

Ein Wagen, ausgerechnet ein altersschwacher »Jelen« – Hirsch –, hielt quietschend wenige Zentimeter vor meinen Zehen, jemand kurbelte an einer ungehorsamen Fensterkurbel, eine Tür ging auf, eine Frage: »Braucht der Herr Hilfe?« Ich war erleichtert, diesen Menschen schickte der Himmel. Zwar war mein Polnisch nicht gerade gesellschaftsfähig, aber ich verstand es besser, als ich es sprach, und nickte eifrig. Ich redete etwas von Taxi und Bahnhof und Verspätung und fragte schließlich, wo ein Hotel sei. »Es gibt, mein Herr, hier kein Hotel«, murmelte der Chauffeur. »Aber wenn Sie ein Taxi benötigen, nun, da sind Sie bei mir richtig.« Und ehe ich mich's versah, erglomm auf dem Autodach ein schwaches Licht. Die Buchstaben »Taxi« waren kaum mehr zu erkennen. »Wollen der Herr mitfahren?« Ich warf einen letzten Blick auf die Bank, von der ich mich vor kurzem erhoben, spähte noch mal in die dunkle Nacht hinaus, auf die halb verfallenen, völlig verdunkelten Häuserfassaden und öffnete schließlich die Wagentür. Besser mitfahren als hier zu versauern, dachte ich. Dabei verspürte ich keinerlei Argwohn, nicht die geringste Angst oder irgendein Misstrauen. Im Gegenteil, etwas Einladendes, Warmes ging von dem Fahrer aus.

»Der Herr ist zum ersten Mal hier?«, fragte der Fahrer. Ja, zum ersten Mal. Das Gefährt roch angenehm nach altem Leder, ich konnte auf meiner Seite sogar die Scheibe per Hand herunterdrücken und etwas frische Nachtluft hereinlassen. Als wir ein paar Kilometer aus der Stadt herausgefahren waren, stellte ich mir aber doch die Frage, wohin die Fahrt eigentlich nun gehen solle. Mein Chauffeur hatte die ganze Zeit über geschwiegen, war offensichtlich nicht weiter daran interessiert, sich nach meinem Fahrziel zu erkundigen. Welches hätte ich ihm auch nennen können? Ohne Karte wusste ich nichts über irgendwelche umliegenden Ortschaften. Und meine Freunde? Ich hatte keine Ahnung, in welchem Wald sie auf Dianas Spuren wandelten, sie hatten mich eben an diesem Bahnhof in diesem Ort in Polen erwartet und ich war nicht gekommen, jedenfalls nicht zur rechten Zeit. Sie zu suchen schien mir daher völlig unsinnig, als mein Fahrer plötzlich fragte: »Wie kommen Sie, wenn der Herr mir die Frage erlaubt, in diese Gegend?« Ich erklärte es ihm. »Also hat man Sie hier vergessen?« Vergessen war wohl nicht das richtige Wort, nein, antwortete ich, vergessen hätte mich niemand, ich hätte mich vielmehr verspätet. »Wo wollen Sie denn hin?« Eine merkwürdige Frage, dachte ich bei mir, wenn man schon eine Viertelstunde ziellos durch die Gegend fährt.

Jetzt zuckte ich die Achseln, mehr für mich selbst, denn der andere konnte mich, wenn überhaupt, nur im Rückspiegel sehen, doch dazu fehlte das nötige Licht. Ich konnte ihn zwar auch nicht richtig sehen, aber ab und an, wenn der dichte Wald am Straßenrand von niedrigeren Büschen, Hecken und Feldern abgelöst wurde, war sein Profil für kurze Augenblicke zu erkennen. Demnach war mein Chauffeur etwas untersetzt, hatte einen abgeflachten Schädel, eine dicke Nase, einen Schnurrbart, der dem eines Woiwoden aus der Zeit Kasimirs des Großen in nichts nachgestanden hätte. Wo er wohl herkam? Vielleicht ein Familienvater, der nachts durch Taxifahrten sein Einkommen aufbesserte, vielleicht auch ein Junggeselle oder

Witwer, den keine liebende Frau oder lästige Familie in Anspruch nahm.

»Wo aber wollen Sie denn hin, mein Herr?«, wiederholte indes mein Chauffeur seine Frage. Ich antwortete, dass ich es selbst nicht recht wüsste, erwähnte auch die Einladung, meine Freunde, den Wald, in den sie mich hatten mitnehmen wollen, und ob ihm, dem Fahrer, wohl solch ein Wald hier im Umkreis bekannt sei. Mein Chauffeur war vielleicht selbst ein Ortsansässiger, vielleicht sogar ein Jäger, warum also sollte ich ihn nicht fragen?

Doch kaum hatte ich ihm die näheren Umstände meiner Reise erklärt und dabei auch das Wort »Jäger« – mysliwiec – in den Mund genommen, da drehte er sich zu mir um, nahm den Fuß vom Gaspedal, ließ den Wagen ausrollen und blieb mitten auf der Landstraße stehen. Draußen konnte man Käuzchen schreien hören, aus dem jetzt ganz fernen Waldsaum kamen andere, mir unbekannte, geradezu unheimliche Geräusche. Mir fröstelte. »Ein Wald mit Jägern?«, fragte mein Begleiter. Seine Stimme klang blechern, der melodische Singsang, der mir am Anfang so angenehm aufgefallen war, war jetzt verschwunden. »Und Sie, erlauben Sie, mein Herr, Sie sind demnach auch ein – Jäger?« Ich verneinte und doch wieder verspürte ich Lust, meine Begeisterung für das edle Waidwerk, die sich zwar nicht aus Erfahrung, dafür aber umso mehr aus barocken Träumen speiste, mit Nachdruck kundzutun. Warum sollte ich nicht ein Jäger sein, was war falsch an der Jägerei? Nein, sagte ich schließlich, ich sei nur ein Liebhaber, meine Freunde seien aber richtige Jäger und sie wollten mir zeigen, wie das ginge, das Jagen, und zwar in diesem Wald dort, den ich nicht, vielleicht aber mein Fahrer kennen würde. Dieser schüttelte den Kopf. »Es gibt hier viele solche Wälder, mein Herr, viele Wälder, wo der Mensch der armen Kreatur nachstellt. Da geht der Mensch herum, hängt sich ein Gewehr um den Hals, läuft durch Wald und Feld und mordet.«

Mordet. Mich ärgerte diese Bemerkung. Ich liebte die Natur, jawohl, und zur Natur gehörte meines Erachtens eben auch die Jagd, und wenn ich sie auch nicht selbst ausüben würde, wollte ich es wenigstens einmal ausprobiert haben. Mein Fahrer fuhr fort: »Viele Wälder, mein Herr, gibt es dieser Art. Ganz Polen, ach, was rede ich, die ganze Welt ist voll davon. Wälder, wo der Mensch der armen Kreatur nachstellt. Sie mordet, schlachtet, sich an ihrem blutigen Fleisch erfreut und das Ganze als ein besonders edles Tun lobt. Und daran, mein Herr, wollen Sie teilhaben?« Nach kurzem Schweigen fasste ich mir ein Herz und konterte, das Jagen sei nun mal Bestandteil des Lebens, andere würden eben das Fleisch von geschlachteten Haustieren essen, der Mensch sei nun mal kein Vegetarier. Außerdem hätte der Mensch sich seit Urzeiten von der Jagd ernährt, sonst hätte er wohl kaum in der unwirtlichen Welt unserer Vorfahren überleben können. Dann könne man auch keinen Fisch mehr essen, wenn man das Fleisch der Tiere verschmähte, denn schließlich seien Fische auch Tiere, und wer wüsste überhaupt, ob nicht Pflanzen Empfindungen hätten, die wir mit unserem begrenzten Verstand und Wissen noch gar nicht ergründen könnten. Nein, schloss ich schließlich energisch, das sei nun mal das Gesetz des Lebens, nenne man es Darwinismus oder sonst irgendwie, es sei vielleicht für einen Augenblick grausam, aber man müsse sich um des Überlebens willen eben daran halten.

»Haben Sie denn, mein Herr, haben Sie jemals ein Tier sterben sehen? Haben Sie gesehen, sehr geehrter Herr, dass es dieselben sterbenden Augen sind, die unsereinen anschauen, wenn wir von unseren Liebsten Abschied nehmen? Es ist leicht«, fuhr er in ruhigem Ton fort, »sehr leicht, von Dingen zu sprechen und sie zu beurteilen, wenn man sie nicht kennt, nicht mit eigenen Augen gesehen hat. Auch die Tiere haben eine Seele, mein Herr, und kein Mensch, auch wenn er sich Jäger nennt, hat das Recht, dem Tier diese Seele vor der Zeit zu rauben.«

Ich verzichtete auf eine Antwort meinerseits, ahnte ich doch, was jetzt wahrscheinlich für ein emotionales Geschwätz auf mich zukommen würde. Der da vorne war ganz offensichtlich ein neuer St. Franziskus, ein selbst ernannter Tierschützer im Gewand eines Taxifahrers, geradezu komisch, hier, in dieser nächtlichen Tristesse. Insgeheim aber ärgerte ich mich, weil mein anfangs neutrales, von reiner Neugierde getragenes Gefühl gegenüber der Jägerei jetzt doch ganz eindeutig getrübt war und ich Zweifel in mir entdeckte, die ich schon früher hin und wieder gehegt hatte. Mord. Arme Kreatur. Seele.

Es vergingen einige Minuten, ohne dass ein Wort gewechselt wurde. Auch hatte sich der Wagen keinen Zentimeter bewegt, wir standen noch immer im Halbdunkel auf der Mitte der Straße, links und rechts von ein paar wenigen Bäumen umgeben, Pappeln, deren Blätter in dem jetzt aufkommenden Wind zu rauschen begannen. Mein Fahrer saß unbeweglich auf dem Vordersitz, hob dann den Kopf, griff nach dem Lenkrad und drehte den Zündschlüssel. »Sie haben, mein Herr, vorhin meine Frage nicht beantwortet: Haben Sie jemals ein Tier sterben sehen?« Die Frage klang wie ein Befehl. Ich dachte nach, versuchte mich daran zu erinnern, ob ich als Kind unsere beiden Hunde hatte sterben sehen, und ärgerte mich im nächsten Augenblick darüber, dass ich mir zu solch einer Frage überhaupt eine Antwort überlegte. Ich machte eine abschätzige Handbewegung, doch noch bevor ich meinen Mund aufmachen konnte, sprach er: »Ich werde es Ihnen zeigen.«

Der Motor brummte auf, das Gefährt rollte an. Ich hatte jetzt überhaupt keinen Einfluss mehr auf das Geschehen, immer wenn ich mich nach vorn beugte, um dem Fahrer zu sagen, dass ich nun wirklich müde sei und mich jetzt irgendwo hinzulegen wünschte, schüttelte dieser nur den Kopf. Das machte mich wütend, ich begehrte auf, lobte lautstark das Tun meiner Freunde und fügte hinzu, dass auch ich, jawohl, ich, eben auch einmal die arme Kreatur, wie mein Chauffeur das Wild zu nennen beliebte, heute Nacht aus ihrem Versteck hatte bringen wollen und dass es meine Absicht gewesen sei, jawohl, heute Nacht mich da irgendwo in die Gegend zu setzen, mit meinem schönen neuen Fernglas vor der Nase, und das zu spielen, was ich schon als Kind zu spielen geliebt hatte.

Mein Fahrer schwieg. Wo zum Teufel fuhr der bloß hin, dieser Mensch, alles herum war eine einzige Einöde, ab und an Schatten von verfallenen Scheunen, windschiefe Bäume im Scheinwerferkegel der einzigen funktionierenden Lampe an unserem Gefährt. So irrte ich mit diesem seltsamen Heiligen durch irgendeine seltsame Gegend, ohne Zweck, ohne Ziel, und ich verwünschte die ganze Unternehmung. Ich schaute nach vorne, aber da war alles dunkel, selbst die Tachobeleuchtung funktionierte nicht, ein Taxameter war offenbar erst gar nicht vorhanden. »Wohin, wenn ich fragen darf, fahren Sie eigentlich?«, fragte ich endlich. »Wohin wohl, mein Herr?«, antwortete St. Franziskus, »zu Ihren Freunden, zum Wald, zu den gequälten Kreaturen.« – »Woher aber«, fragte ich, »woher aber wissen Sie, wo meine Bekannten sind?« – »Sie haben es mir doch schon verraten.« – »Fahren Sie zurück«, befahl ich, »hören Sie nicht, hier ist doch nichts zu finden, warum also weiterfahren?« Mein Fahrer antwortete nicht. Ich tippte ihm auf die Schulter. Nichts. Er starrte nur geradeaus.

Wir fuhren jetzt merklich schneller, es schien fast, als ob unser Gefährt über die Allee schwebte, über welche wir vorhin noch gemächlich gekrochen waren, alles verlor sich links und rechts, bald waren die Baumwipfel nicht mehr zu sehen, zumindest schien es mir so, die Mücken und Falter kamen nicht mehr durch das Fenster hinein, der Schein der einzigen Lampe zeigte zitternd in eine milchige Unwirklichkeit. »Haben Sie mich nicht verstanden?«, schrie ich jetzt, »ich möchte zurück. Zurück!« Der Chauffeur schien mich nicht zu hören, er hielt jetzt mit beiden Händen krampfhaft das Steuerrad fest, ich versuchte zu erkennen, wo die Straße war, konnte aber nichts sehen, weder Kurve noch Gerade noch Haus, Wald oder Feld, nur eine trübe Masse um uns herum, als ob wir auf Wolken führen. Jetzt bekam ich es gehörig mit der Angst zu tun.

Der Wagen schlingerte plötzlich, es war mir, als ob ich eine

Hupe hörte, vielleicht war es unsere eigene, irgendetwas tauchte vor uns auf, groß, mächtig, ein Lastwagen womöglich. Jetzt bloß keinen Unfall haben, um Gottes willen. Ich hatte schon allerhand gehört von Unglücken in Polen, von veralteten Krankenhäusern, wo man nur noch auf Gott vertrauen konnte, wenn man heil wieder herauskommen wollte. Ich klammerte mich an den Fahrersitz. Jetzt sah ich aus dem Nebel vor uns etwas auftauchen, den Schatten eines Tieres, eines gehörnten, vielleicht war es ein Rehbock oder Hirsch, dann vernahm ich Schreie, sah plötzlich eine Lichtung in den Nebel gerissen, ein Tannenwald war da zu sehen, struppiges Buschwerk, dahinter regte sich was, es war, als ob ein Kampf dort stattfände, ich roch Blut, der Geruch stieg mir ätzend in die Nase, ich schmeckte den Geschmack auf meiner Zunge. Wo um Gottes willen war ich hingeraten? Der Nebelvorhang riss weiter ein und gab eine größere Fläche Waldboden frei, auf der sich Geschöpfe aller möglichen Art, Vögel, Füchse, Hasen, Rehe im Todeskampf wälzten. Dazu hörte ich Geschrei mit dem Gebell von Hunden vermischt, sah plötzlich das Gesicht von Jerzy, meinem polnischen Freund, demjenigen, der mich von Deutschland hierher eingeladen hatte.

Die Schreie wurden lauter, unser Gefährt bahnte sich einen Weg durch das Gestrüpp und Unterholz, die Zweige bogen sich ganz wie von selbst zurück, die Baumwurzeln verschwanden so schnell, wie sie auftauchten, ich erkannte Jerzy jetzt ganz genau, rief ihn auch an, doch schien er mich nicht zu hören, er hantierte stattdessen mit einem Gewehr herum, jetzt kamen auch die anderen aus dem Dunkeln hervor, Bogdan, der Journalist aus Warschau, Marek, der Breslauer Opernsänger, schließlich die zarte Jadwiga, von uns »die Heilige« genannt. Wieder tauchte das gehörnte Tier auf, es lief direkt auf die Gesellschaft zu, abermals Geschrei, ein, zwei Schüsse. Auf dem Waldboden verstreut an einem Feuer die geöffneten Karkassen toter Tiere, Gedärm überall, und wieder der Gestank und der abscheuliche Geschmack von Blut.

Ich stieß meinen Fahrer an, fragte, wo wir seien, ich wolle sofort aussteigen. Vergebens. Der Türhebel gab nicht nach, der Wagen blieb fest verschlossen. Es musste mit dem Teufel zugehen, davon war ich vollkommen überzeugt, als wieder das gehörnte Tier aus dem Nichts hervorsprang. Es lief jetzt Seite an Seite mit unserem Wagen, miteinander bewegten wir uns mit großer Geschwindigkeit auf die Gesellschaft meiner Freunde zu, die wie angewurzelt stehen blieben, Entsetzen in ihren Gesichtern. Jerzy schrie etwas, zeigte vor sich, genau auf uns, ich sah, wie Bogdan und er ihre Gewehre aufnahmen, dann ein dumpfes Geräusch, ein Geheul, halb Mensch, halb Tier, ein Lichtstrahl, ein Aufprall, dann völlige Finsternis.

Ich erwachte nach einer Weile. »Wo sind wir?«, fragte ich ängstlich nach vorne. »Was ist geschehen?« Mein Fahrer kauerte reglos in seinem Sitz, einen Augenblick glaubte ich, er sei tot, da setzte sich der Wagen wieder in Bewegung.

Plötzlich fragte mein Fahrer: »Glauben Sie an Gott?« Ich antwortete. »Nicht an den Ihren wahrscheinlich.« Der andere, jetzt wieder besser erkennbar, beide Hände am Lenkrad, antwortete: »Woher wollen Sie wissen, welcher Gott mein Gott ist? Es gibt nur einen Gott. Sie haben ihn heute Nacht gesehen.« Ich wusste darauf nichts zu antworten. Ich dachte an die Szenen, deren Zeuge ich vor wenigen Augenblicken geworden war, fragte mich jetzt, ob ich es nur geträumt hatte, das Tier, das gehörnte, an unserer Seite, Jerzy, Bogdan, Marek, die heilige Jadwiga. Was um Himmels willen war passiert?

Draußen waren wieder Bäume, Felder und Wälder zu erkennen, auch die Straße war unter dem wieder eingeschalteten Zyklopenauge unseres Wagens zu erkennen. »In dieses Gottes Schöpfung«, begann mein Fahrer nach einer Weile, »in diese Schöpfung wollten Sie und Ihre Freunde heute Nacht eingreifen. Sie wollten Geschöpfe zu Tode bringen, über deren Sein Sie kein Recht zu entscheiden haben. Haben Sie sie mit Ihren Händen geschaffen? Hat der Mensch das alles um ihn herum bewirkt, dass er es mit einem Schlag vernichten darf? Der

Mensch hat sich über das Tier erhoben und glaubt, selbst ein Gott zu sein. Heißt es nicht in der Genesis, nur das Kosten vom Baum des ewigen Lebens hätte Adam und Eva von ihrem Schöpfer getrennt? Nur weil Gott sie aus dem Paradies rechtzeitig vertrieben habe, sei der Mensch nicht Gott geworden. Welch eine Vermessenheit! Welch eine menschgemachte Vermessenheit. Wir sind lediglich ein Teil des Ganzen und in dies Ganze müssen auch wir Menschen uns einfügen und unterordnen. Nur so werden wir alle, wird diese Erde überleben können. Wenn wir uns darüber erheben, uns zu Herren über Leben und Tod aufschwingen, dann wird der Tod den Sieg davontragen.«

Ich schaute hinaus. Draußen ließ sich am Horizont schon der beginnende Tag erahnen, ein blasser heller Streif kündigte das Erwachen der Sonne an. Ich hörte die Vögel zwitschern, wie sie ihr Morgengebet ablegten, fühlte mich seltsam berührt von der Schönheit des beginnenden Tages. Das Gesicht meines Chauffeurs war jetzt zu sehen und es schien mir, als ob er lächelte. »Können Sie mich zurückbringen?«, fragte ich schließlich, »damit ich den nächsten Zug nach Deutschland bekomme?« – »Natürlich«, antwortete mein Franziskus, »sehr wohl, der Herr, natürlich.«

Ich weiß nicht, wie lange wir fuhren, jedenfalls nickte ich wohl ein, denn als ich erwachte, fand ich mich auf einer Bank auf dem Bahnhofsvorplatz der Kreisstadt wieder. Hatte ich dem Fremden Geld für die Fahrt gegeben? Wie und wann hatte er mich hier abgesetzt? Passanten schlenderten an mir vorbei, einige schauten mich verwundert an, ein junges Pärchen kicherte, eine alte Dame, beladen mit Einkäufen, schüttelte den Kopf, als sie mich so unrasiert und mit heraushängendem Hemd vor der Bank stehend erblickte. Ich kann doch nichts dafür, dachte ich bei mir, es ist mir halt zugestoßen. Ist es mir zugestoßen? Ich löste eine Fahrkarte, die Frau hinter dem Schalter lächelte mich freundlich an, ich kramte in meiner Hosentasche, wo der 100-Zloty-Schein unangetastet unter meinen Hausschlüsseln lag.

Im Wagen unterwegs klopfte das nächtliche Erlebnis noch einmal an, als an einer Station einige Leute einstiegen, die ihrer Ausrüstung nach zu urteilen Jäger waren. Sie sprachen deutsch und einen Moment lang überlegte ich, ob ich sie ansprechen und es vielleicht wagen sollte, sie zu fragen, ob sie in der Nacht meinen Freunden begegnet seien. Ich verwarf den Gedanken aber bald, hatte aus irgendeinem Grund Scheu vor ihnen und blieb bis zum Umsteigen an der Grenze in meiner Ecke am Fenster sitzen.

Am Abend erreichte der Zug endlich meine Heimatstadt. Mit der hereinbrechenden Dunkelheit wurden die Bilder der vergangenen Nacht wieder lebendig, ich sah den Taxifahrer ganz deutlich vor mir, sein Gesicht, die fleischige Nase, den Schnurrbart. Ich beschloss, in einer Kneipe um die Ecke noch ein Bier zu trinken, um dann endlich bei meinen Freunden in Polen anzurufen, schob es aber, aus welchem Grund, wusste ich selbst nicht, immer wieder heraus. Zuerst funktionierte meine Telefonkarte nicht in der Zelle, dann fand ich die Nummer nicht, schließlich musste ich wohl oder übel in meine Wohnung zurückkehren, um es von dort aus zu versuchen. Aber auch hier schob ich allerhand vor, nahm erst einmal ein ausgiebiges Bad, rasierte mich, schaltete den Fernseher ein und rief schließlich einen Freund an, ob er nicht noch auf eine Flasche Wein herüberkommen wolle.

Kaum hatte ich aufgelegt, um in den Keller zu gehen, klingelte das Telefon. Ich ließ es zwei-, dreimal klingeln, nahm schließlich den Hörer ab. Auf der anderen Seite klickte und rauschte es, ich hörte zunächst nur ein Murmeln wie aus großer Ferne, dann eine Frauenstimme, ein paar Brocken Polnisch, die Frau weinte. Es war Jadwiga, »die Heilige«. Zunächst war kein Wort zu verstehen, Jadwiga stammelte etwas von »Unglück«, schließlich fasste sie sich und erzählte, wie sie am Vorabend frühzeitig aufgebrochen seien, um das letzte Licht noch zu erhaschen. Alles hätte auch gut angefangen, man habe einige Hasen und sogar einen Fuchs erlegen können, als Jerzy darauf bestand, den Einstand noch nach größerem Wild abzusuchen, bevor man mich abholte. Die anderen hätten wegen der vorgerückten Stunde abgeraten, doch habe Jerzy nicht locker gelassen. Ein richtiges Jagdfieber habe ihn gepackt. So seien schließlich alle in den Wald gegangen, Jerzy und Bogdan, der Warschauer Journalist, voraus. Auf einer kleinen Lichtung sei es dann geschehen, ein offenbar verletzter Hirsch habe in seiner Verzweiflung und Todesangst die beiden angegriffen. Während Bogdan sich in Sicherheit bringen konnte, habe Jerzy, der noch zum Schuss ansetzen wollte, dem Tier nicht mehr ausweichen können. Stundenlang habe man auf Hilfe warten müssen. Als der Krankenwagen endlich kam, war es zu spät – Jerzy war tot.

Ich weiß nicht, was ich Jadwiga zum Abschied sagte. Ich suchte nach Worten des Trostes, sagte aber nur etwas Unbeholfenes, Hilfloses. Schließlich hängte sie ein. Ich lief eine Weile rastlos in meiner Wohnung umher, unschlüssig, was ich nun tun sollte. Die Reisetasche stand noch immer ungeöffnet im Flur. Die Reisetasche mit meiner Ausrüstung, der Ausrüstung für das große Abenteuer. Ich öffnete sie, nahm meine Kleidung heraus und warf sie aufs Bett, den schönen neuen Sitzstock aber und das neue Fernglas, das ich mir für dieses Abenteuer eigens angeschafft hatte, packte ich in eine Plastiktüte. Als mein Freund an der Tür klingelte, gab ich ihm die Tüte, bat ihn, sie auf unbestimmte Zeit für mich aufzubewahren, und schickte ihn wieder nach Hause. Die Nacht verbrachte ich bei eingeschaltetem Licht im Sessel ohne ein Auge zuzumachen. Ich bin seither nie wieder zu einer Jagd gegangen.

Tanja Dückers
Zauberer in Los Angeles

Es ist Nacht. Schon seit einer halben Stunde fahre ich den Sunset Boulevard entlang, der ganz unspektakulär am Pacific Coast Highway seinen Anfang nimmt. Vom Meer bis nach Hollywood fährt man, selbst wenn man die Geschwindigkeitsbegrenzungen nach Strich und Faden ignoriert, mindestens vierzig Minuten. Auf einer einzigen Straße. Das hat mich, den Taxifahrer aus Krakow, anfangs doch ziemlich verwirrt. Seit drei Jahren fahre ich nun in L.A. County Taxi. Mariona, meine Verlobte, stammt aus Guatemala und putzt in Beverly Hills die Villa von den Whitebreads. Ich kann mich nicht beklagen, noch nie war Taxifahren (das hab ich in Polen auch schon gemacht) so aufregend wie hier in Südkalifornien – Mariona und unsere kleine Tochter Nuria hungern immer richtig nach neuen verrückten Storys, die ich ihnen von meiner Kundschaft berichten kann. Aber manchmal hat Mariona auch Angst um mich. Deshalb habe ich eine Mini-Kalaschnikow im Handschuhfach. Wie ich die über den Atlantik geschmuggelt habe, ist eine Geschichte für sich, die erzähle ich heute nicht.

Für den Moment begnüge ich mich damit, die beiden eleganten Herren mit den hoch aufragenden Zylindern auf der Rückbank zu beobachten. Endlich fängt der Sunset an zu glitzern – vorher fährt man endlos lange nur durch Villensiedlungen oder auch schlicht durch Wald. Dass L.A. so zerfranst ist, hab ich mir damals in Europa nicht vorstellen können.

»Sie möchten also zur Franklin Ave?«, frage ich noch einmal nach.

»Ja, bitte, zum Magic Castle«, sagt der Kleinere und lächelt liebenswürdig. Ich sehe jetzt, dass seine Hand auf dem Oberschenkel des anderen liegt. Er hat ein weiches, fast jungenhaftes Gesicht, obwohl er schon Mitte fünfzig sein muss. An seiner rechten Hand prangt ein klobiger Strass-Ring. Sein Freund fummelt ihm am Hemdkragen herum und scheint ihm dann etwas Albernes ins Ohr zu flüstern, denn der Kleine grinst jetzt sanft und amüsiert.

»Sind Sie ... von Beruf Zauberer?«, frage ich schließlich. Wir haben die ganzen vierzig Minuten vorher nicht miteinander gesprochen. Irgendwie sind die beiden mir ein bisschen unheimlich, und da sie von sich aus kein Gespräch anfingen, sondern immer nur miteinander herumzutuscheln schienen, habe ich erst mal geschwiegen.

»Ja, selbstredend, wir sind ... ›Dice and Balls‹«, erklärt der Größere, der ein kleines Menjou-Bärtchen trägt. Seine Gesichtszüge verraten einen Menschen, der viele Eindrücke aufnimmt und wenig über seine eigenen Empfindungen verrät. Seine langen, schmalen Hände liegen in einer Weise schlaff auf seinem Schoß, die vermuten lässt, dass sie blitzschnell von Apathie in höchste Betriebsamkeit versetzt werden können.

»Freut mich Sie kennen zu lernen, ›Dice and Balls‹«, wiederhole ich errötend – der Doppeldeutigkeit von ›Balls‹ halber. »Haben Sie gleich einen Auftritt?«

Jetzt, wo der Sunset in ein Lichtermeer eingetaucht ist, hupende Cabriolets und stampfende Musik die braunen Hügel und die monotonen Straßenschilder abgelöst haben und wir gleich angekommen sind, weicht die Beklemmung von mir.

»Ja, aber holla!«, sagt der Kleinere nicht gerade unbescheiden. Dann fügt er noch an: »Wir sind schon fast so berühmt wie Siegfried and Roy!«

»Na, nun übertreib mal nicht«, unterbricht der andere, »letztes Jahr haben wir noch in diesem Supermarkt im Valley für Dosensuppe Werbung gemacht«, er seufzt auf und blickt mich mit einer unglaublich theatralischen Leidensmiene im Rückspiegel an, »den ganzen lieben langen Tag standen wir in einer Halle zwischen Pyramiden aus Dosensuppen und mussten bunte Tücher mit dem Logo der Suppe hervorzaubern und verschwinden lassen ... alle halbe Stunde blieb mal kurz ein Kind stehen und ging dann sofort zu einem begehbaren glitzernden Bergmassiv von einer Eis-Firma ... Aber damals hießen wir noch ›Bob and Pete‹, das klang nicht professionell; jetzt unter ›Dice and Balls‹ werden wir die Herzen des Publikums erobern.«

Ich bin erstaunt, wie gesprächig die beiden jetzt sind. Ein klarer Hinweis darauf, dass sie nicht sehr erfolgreich sind. Erfolgreiche Leute unterhalten sich nicht mit Taxifahrern. Sie schimpfen herum, dass man nicht schnell genug fährt, weil sie es schrecklich eilig haben, ein wahnsinnig wichtiger Termin, alle warten schon auf sie, ansonsten hängen sie am Handy. Bob und Pete entdecken einen Bekannten auf der Straße, drängen sich wie Kinder an die Scheibe und winken aufgeregt. Ich verliere meine Angst vor ihnen vollständig.

Jetzt taucht auch das Magic Castle vor uns auf. Es ist in der Tat ein mit vielen Türmchen und Erkern bewehrtes »Schloss«, natürlich komplett modern, in dem Zauberer aus aller Welt unter sich sind und – wie andere Zünfte auf Fachmessen – ihre neuesten Tricks und Produkte einander vorstellen. In L.A. ist man sehr stolz auf diesen Ort. Nur wer Mitglied ist im »Magic Castle Club«, darf die Shows besuchen, der Normalbürger ist ausgeschlossen.

»Wie ist das so ... als Zauberer, ich meine ... wovon lebt man genau?«

Meine Kumpels sind alle Taxifahrer, Hundeausführer oder Pizzalieferanten, Marionas Freundinnen Gärtnerinnen oder Putzfrauen. Wie die meisten Lateinamerikanerinnen in L.A. – wenn sie nicht im Fast-Food-Geschäft sind.

Der Kleinere, ich nenne ihn jetzt einfach mal Dice, wiegt seinen runden Kopf bedächtig. »Man tritt auf Geburtstagspartys auf oder bei Hochzeiten, bei Kinderfeiern oder vor Touristen in den Universal Studios, aber wir haben uns in letzter Zeit vor allem darauf spezialisiert, neue Tricks zu erfinden und zu verkaufen.«

»Ach, das ist gar nicht so, dass jeder Zauberer sich seine eigenen Tricks ausdenkt, sondern man kann die kaufen?«

»Sicher, sicher«, meint Balls jetzt mit tiefer Stimme und streicht sich über das Menjou-Bärtchen, »ich sage Ihnen, die meisten Zauberer sind einfach nur Entertainer, mit Kreativität hat das nichts zu tun. Wir kennen einen der Gagschreiber von David Copperfield persönlich, ein gewisser Robert Baxt aus Hollywood, sehr dick, sehr lustig, sehr hetero, der hat Ideen, für die der große David Millionen einstreicht. So ist das.«

»Und wissen Sie«, beginnt der Kleinere wieder, »es gibt so eine Art Trickbörse, im Internet und in gewissen Zeitschriften, wo alle Tricks kurz vorgestellt und dann per Kreditkarte gekauft werden. Sie könnten morgen Ihren Job als Taxifahrer drangeben und als Zauberer anfangen – wenn Sie ein bisschen bewegliche Finger haben – so ist das.«

Ich schweige erstaunt. Dann muss ich an den einzigen Zauberkünstler denken, den ich als Kind in Krakow bei einem Zigeunerzirkus gesehen hatte. Er hat keine langhaarigen Blondinen zerschnitten oder Chevrolets durch den Raum fliegen lassen wie die großen Stars hierzulande; einfach nur die Gedanken anderer Leute hat er erraten und mich damit fast zu Tode geängstigt.

»Und welche Art von Tricks denken Sie sich so aus?«

Gleich sind wir am Castle und die Herren wirken doch ziemlich liebenswürdig. Ich habe gelernt mein Urteil nicht zu schnell zu fällen. Vor zwei Wochen stiegen zwei gepflegt aussehende Anzugtypen mit Laptop-Köfferchen in mein Auto – kaum waren wir am Echo Park, bedrohten sie mich mit einer Knarre, gegen die mein solides osteuropäisches Machwerk wie ein Museumsstück aussah.

»Wir entwickeln in erster Linie Telepathietricks«, lächelt Dice.

Balls fällt ihm sofort ins Wort: »Ich halte jetzt hier in den Rückspiegel sechs Karten mit Zahlen drauf … Sie suchen sich eine aus und wir sagen Ihnen, welche es war, ja?«

Bevor ich antworten kann, hebt er schon nacheinander ein Set von Karten mit großen, roten, geschwungenen Zahlen hoch. Ich entscheide mich für die 4, meine Glückszahl. Ich habe am 4. 4. Geburtstag, und Mariona und ich haben uns am 4. 8. in San Diego verlobt.

»Die 4 natürlich«, ruft Dice vergnügt. Er unterstreicht seine Freude angesichts meiner kindlich-verärgerten Miene, indem er gespielt schuldbewusst grinst.

»Jetzt Buchstaben!«

Die beiden scheinen in ihrem Element zu sein. Ich hoffe jedoch, dass diese Privatshow bald vorbei ist. Ausgerechnet jetzt geraten wir in einen Stau. Uns trennen nur noch wenige Hundert Meter vom Magic Castle, aber wir stecken fest. Weiter vorne ist das L.A. Police Department und ein Krankenwagen zu sehen und zu hören. Diese verrückten Sirenen – die hat es in Polen nicht gegeben.

Ich entscheide mich für den Buchstaben M wie Mariona und die beiden erraten ihn innerhalb von Sekunden. Zu meinem Erstaunen muss ich feststellen, dass genau wie damals, als ich ganze acht Jahre alt war, dieser feste Wunsch in mir entsteht, hinter das Geheimnis zu kommen, den Trick zu knacken. Ich bin nicht gerne das dumme Opfer.

Beim nächsten Trick – ich soll mir eine Farbe aussuchen – lüge ich einfach.

»Nein, nicht Rot, ich hatte mir Blau überlegt!«, behaupte ich.

»Lügner! Unsinn! Glauben wir nicht!«, protestieren die beiden lauthals. Balls packt mich am Arm und schüttelt mich, so dass ich um Haaresbreite den ebenfalls im Schritttempo fahrenden Bugatti vor mir »geküsst« hätte, wie man hier sagt. Na ja, Zauberer, die nehmen ihre Arbeit halt ernst und lassen sich nicht gern verulken – versuche ich mein wachsendes Unwohlsein zu bekämpfen.

»Unserem Freund sind unsere Tricks unheimlich geworden, er versucht wie damals in Polen hinter das Geheimnis zu kommen …«

Ich schweige erschrocken. Ich weiß nicht, wie ich reagieren soll. Lachen? Applaudieren? Sagen, dass ich genug habe? Mir diese Blöße geben?

»Und was macht Mariona?«, fragt der Ältere jetzt langsam. Seine Stimme passt zum ersten Mal zu dem abwartend-kontrollierten Zug in seinem Gesicht. Plötzlich glaube ich weder, dass die beiden Zauberkünstler, noch, dass sie ein Paar sind.

Ich antworte nicht.

»Hier jetzt am Magic Castle vorbei die kleine Seitenstraße hoch in die Santa Monica Mountains«, zischt Balls. Wer weiß, wie er in Wirklichkeit heißt.

Ich will protestieren, aber die Mündung einer kleinen zierlichen Pistole ist in meinem Nacken gut zu spüren. Ich fahre bergauf in den Wald. Ich zittere.

»Was … was wollt ihr denn von mir?«

Die beiden, jetzt weit voneinander abgerückt, schweigen mit männlich-finsteren Mienen und schauen unbeteiligt aus dem Fenster.

Endlich bedeutet mir der Kleinere anzuhalten. Wir befinden uns vor einer der vielen Mülldeponien, die L.A. wie Fliegen die Scheiße umgeben. L.A. ist das größte Drecksloch am Pazifik. Und seine Bewohner charmante Gauner. Meine Heimatstadt Krakow dagegen ist eine der schönsten Städte Europas, seine Bewohner sind vielleicht nicht so überdreht-herzlich wie die Leute hier, aber dafür verlässlich und durchschaubar. Mich überkommt ein unglaubliches Heimweh. Was haben die beiden bloß mit mir vor?

»Hör zu«, sagt der Kleinere scharf, »du bist sicher nicht daran interessiert, dass wir der Polizei melden, dass du hier illegal lebst, oder?«

Mir bricht der Schweiß aus. Woher wissen sie das?

»Hör zu, du wirst uns monatlich ein Lösegeld überweisen, dann sind wir still, verstanden? Das Ganze läuft so ab …« Geschäftig und routiniert erklärt Dice oder Bob, dessen Wesen ich mal für weich gehalten habe, mir die Modalitäten. Die beiden verlangen nicht so viel Geld, wie ich erst befürchtet habe, gerade genug, um mich am Leben zu halten – an Urlaub, guten Wein und ein neues Auto ist allerdings nicht mehr zu denken. Sie sind schlau. Sie überfordern mich nicht so sehr, dass ich wirklich zugrunde gehen und meine Zahlungen ausbleiben würden.

Mit der Pistole im Nacken unterschreibe ich alles brav. Ich habe immer gedacht, nur in Europa ist man so ordentlich, mit Siegel, Stempel und Unterschrift und so weiter, aber da habe ich mich wohl wieder einmal getäuscht. Habe ich irgendetwas von dieser Stadt hier je verstanden? In den fünf Jahren, die ich hier schon ohne Pass zugebracht habe? Hat Mariona, die erst vor zwei Jahren in Texas über die Grenze gekommen ist, irgendetwas von den Spielregeln kapiert?

»So, wir fahren dich noch ein bisschen in den Wald, da kannst du 'n Stündchen joggen und dann nach Hause gehen«, erläutert der Ältere und nimmt seinen Bart mit einer genervten Geste ab. Als sei er froh diesen Teil der Show endlich beenden zu können.

Er und ich tauschen die Sitze. Mir dröhnt der Schädel. Ich denke abwechselnd an Mariona, an unser Kind, an meinem Chef und an meine Eltern in Polen. Eine Frage lässt mir keine Ruhe: Woher haben die Kerle all diese Informationen über mich? Wie funktioniert der Trick?

»Bitte … könnt ihr mir wenigstens sagen …«, meine Stimme zittert. Hoffentlich bringt meine Frage die beiden nicht in Rage und auf die Idee, mich abzuknallen, »… woher habt ihr all die Informationen über mich?«

»Das ist Berufsgeheimnis!«, antwortet der Ex-Menjou-Bart spröde.

»Sagen wir's mal so«, lässt der Kleinere sich herab, »wir verfügen über viele verschiedene Talente … wie schon erwähnt: Du kannst unsere Tricks gern kaufen, ab zehntausend Dollar aufwärts für die Tele-Sachen. Aber manchmal empfiehlt es sich auch – sag ich dir jetzt im Vertrauen –, Augen und Ohren einfach nur ein bisschen offen zu halten und seine Intuition zu bemühen …«

Bei diesen Worten muss ich sofort auf das Schildchen mit meinem – eindeutig osteuropäischen – Namen und auf das Foto meiner – eindeutig lateinamerikanischen – Verlobten an der Windschutzscheibe meines Taxis gucken.

Endlich lassen die beiden mich aussteigen. Was mit meinem Auto passiert, ist mir egal. Ich lebe … So macht man das also, denke ich, als ich mich zwischen den hohen kalifornischen Kiefern umschaue. An einen Stamm gelehnt sehe ich zu, wie ein heller und zunehmend unscharfer Punkt, mein Taxi, meine Heimat auf Rädern in der Fremde, sanft über die in Rosa getauchten Hügel gleitet. Die Reifenspuren sind das Einzige, das sich deutlich vor mir abzeichnet.

Ich zünde mir eine Zigarette an. Die haben sie mir tatsächlich gelassen. Nach einigen Schritten komme ich schon auf einen geteerten Weg, der sich um ein paar Hütten schlängelt. Eine Frau tritt mit einem Collie aus einer Tür und mustert mich kurz. Wie ich so schlendernd an meiner Zigarette ziehe, muss sie mich für einen entspannten Spaziergänger halten. Wenigstens bin ich nicht der Einzige, der sich hier täuschen lässt.

Alexander Subtil
Sandiger Weg

»Sandiger Weg bitte.«

»Geht in Ordnung.«

Rolf nickt und setzt das Taxameter zurück.

Er fährt an. Er muss im Schritttempo bleiben, denn Passagiere, die ihren Zug noch erreichen wollen, überqueren immer wieder die Straße.

Es ist kalt draußen, viel zu kalt für diese Jahreszeit. Rolf dreht die Heizung auf und wirft beiläufig einen Blick auf seinen Kunden, dessen schwere Reisetaschen er soeben im Kofferraum verstaut hat.

»Sie kommen vom Urlaub zurück?«, fragt er, während er nach rechts in die Luisenstraße einbiegt.

Der große hagere Mann lacht. »Sie meinen, weil ich vom Bahnhof komme?«

»Sie sind braun gebrannt.«

»Es könnte auch eine Geschäftsreise gewesen sein.«

»Könnte es ...«, Rolf überlegt, wie er seine Antwort formulieren soll, ohne dass sie aufdringlich klingt, »... Sie wirken zu gut erholt, sagen wir zu ausgeglichen, so, als hätten Sie einige Tage auf irgendeiner Südseeinsel verbracht. Außerdem, Ihr Gepäck, das war Reisegepäck und kein Aktenkoffer.«

»Das stimmt. Aber Südseeinsel ist falsch. Ich war nicht ganz so weit weg. Barcelona.« Er versucht seine Beine übereinander zu schlagen. Es gelingt ihm nicht.

»Eine schöne Stadt?«

»Eine trockene Stadt. Aber schöner als Madrid.«

»Ein Spanienliebhaber?«

»Me gusta mucho ese país, si.«

Rolf beginnt den Mann interessant zu finden, auch oder weil

etwas an ihm ihn irritiert, ohne dass er sagen könnte, was. Er kommt nicht drauf.

Noch nicht.

Die Ampel vor ihm springt wieder auf Grün und sein Beifahrer wirft einen kurzen Blick auf die Armbanduhr.

Rolex.

»Sie wohnen aber nicht im Sandigen Weg.«

Jetzt ist der Punkt erreicht, wo aus einigen belanglosen Floskeln und Höflichkeitsfragen ein Gespräch werden kann, und Rolfs Beifahrer scheint das zu merken, denn er dreht sich zur Seite und sieht ihn überrascht an.

Rolf ist froh, dass er, die Augen auf die Fahrbahn geheftet, diesen Blick nicht erwidern muss. Er fragt sich, ob seinem Passagier die Frage unangenehm ist.

Vielleicht.

»Man wohnt dort nicht«, sagt er, als der Mann gerade zu einer Antwort ansetzen will. »*Sie* wohnen dort nicht. Nicht, wenn Sie sich eine Rolex leisten können. Eine üble Gegend.«

Doch entgegen seiner Befürchtung, seinen Fahrgast in Verlegenheit gebracht zu haben, reagiert der und Rolf weiß jetzt, was ihn irritiert hat, nonchalant, nicht im Mindesten verärgert. »Fahren Sie trotzdem dorthin. Machen wir doch ein kleines Spiel. Wenn Sie glauben so eine gute Menschenkenntnis zu haben, sagen Sie mir, was ich von Beruf bin. Jedenfalls verdiene ich genug, um mir so eine Uhr leisten zu können. Ich gebe Ihnen jetzt einen kleinen Tipp: Ich bin kein Zuhälter, auch wenn Sie das jetzt vielleicht von mir geda–«

»Sie sind Pianist.«

Es ist sein Geruch.

Jetzt wendet Rolf seinen Blick von der Straße ab, um das Erstaunen im Gesicht des braun gebrannten, nach Veilchen duftenden Klavierspielers sehen zu können.

Es ist ein großes Erstaunen.

»Woher wissen Sie –«

Und wieder lässt er ihn nicht ausreden.

»Ihre Finger. Ich habe mir, als Sie eingestiegen sind, Ihre Hände angesehen. Ihre Fingerkuppen sind platt. Ihre Hände sind lang und die Fingerkuppen sind platt. So sehen die Hände von jemandem aus, der Klavier spielt.«

Die Zentrale gibt Anweisungen über Funk durch. Im Hintergrund ist ein beständiges Knacken und Rauschen zu hören. Als die Hauptstraße in die König-Ludwig-Allee mündet, hat die Fahrt einen Wert von 10,00 Euro erreicht.

»Am liebsten spiele ich Bach.«

Auch er scheint jetzt Interesse daran zu haben, ein Gespräch zu führen, denn wäre es anders, warum gesteht er dann nicht dem Taxifahrer, dessen Namen er nicht kennt, genauso wenig wie Rolf weiß, dass er, Klaus Steinfeld, Steinfeld heißt, zu, eine durchaus passable Menschenkenntnis zu besitzen, und lässt es dabei bewenden, sondern führt die Unterhaltung fort, greift sie durch seine Ausführungen über Musik gleichsam wieder auf?

»Kennen Sie das Präludium in e-Moll aus dem Wohltemperierten Klavier erster Teil?«

»Nein.«

»Sehen Sie, es gibt zwei Fassungen davon. In der einen sind rechts nur die Akkorde notiert. Ich glaube, dass Bach das geschrieben hat, um Wilhelm-Friedemann das Jazzen beizubringen. So wie man da rechts über die Akkorde improvisieren muss, ist klar, das muss swingen.« Und nach einem kurzen Zögern fügt er hinzu: »Sie müssen mich für einen seltsamen Menschen halten.«

»Ja. Sie benutzen ein Damenparfüm.«

»Oh …« Steinfeld wird bleich und Schweiß bildet sich auf seiner Stirn. »Eine Marotte von mir, nichts weiter. Nicht dass Sie jetzt denken, ich wäre –«

»Schon gut.«

»Ich meine nur, weil es im Sandigen Weg ja auch diese jungen Stricher, Sie verstehen?«

Er versteht und er merkt auch, dass Steinfeld seine letzte Bemerkung mehr als unangenehm ist. Folglich versucht er – er ist zwar neugierig, aber größer als seine Neugier ist immer der Wunsch, dass seine Gäste sich wohl fühlen – das Gespräch in eine andere Richtung zu lenken.

»Haben Sie denn in Barcelona Gelegenheit gehabt zu spielen?«

Steinfeld scheint froh über diesen Rettungsring, denn er antwortet prompt: »Ja, sehr viel sogar. Es war ein luxuriöses Hotel und im Foyer hatten sie einen Flügel. Ich habe abends immer auf dem Flügel gespielt.«

»Aber wohl nicht Bach?«

»Nein, nein. Was die Leute wollten. Die Leute sind zu mir gekommen und haben ihre Wünsche geäußert, das habe ich dann gespielt. Meistens Oldies, manchmal Stücke aus bekannten Filmen. Die Leute waren zufrieden und haben mich oft sogar auf einen Drink eingeladen. Ja, ich kann sagen, an manchen Abenden wurde ich regelrecht herumgereicht. Es gibt eine Sorte reiferer Damen, die es aufregend findet, mit einem Künstler zu sprechen. Diese Damen sind dann immer so redselig, die können gar nicht aufhören über Musik, ihre verstorbenen Männer oder ihre Krankheitsgeschichte zu erzählen. Sie erzählen einem manchmal auch ihre kompletten Reisepläne, wissen Sie?« Die Worte sprudeln nur so aus ihm hervor, die anfängliche Lässigkeit ist dahin und Rolf wird klar, dass das zuvor angeschnittene Thema ihm nicht nur unangenehm ist, sondern eine regelrechte Panik in ihm ausgelöst haben muss. Als hätte man einen Urlauber auf dem Flug nach Puerto Rico daran erinnert, dass er zu Hause seinen Herd nicht abgestellt oder die Wohnungstür offen gelassen hat.

Der Taxifahrer verzichtet darauf, dem von rechts kommenden Kleinwagen die Vorfahrt zu nehmen.

»Sind Sie eigentlich verheiratet?«, will er wissen.

»Wieso?«

»Ich sagte doch, ich habe mir Ihre Finger angesehen. An Ihrem Ringfinger ist ein weißer Streifen, der darauf hindeutet, dass sie, bevor Sie sich in Spanien von der Sonne haben verwöhnen lassen, einen Ring getragen haben. Da habe ich mich gefragt, ob Sie nicht vielleicht Ihren Ehering abgelegt haben, um – wie sagten Sie? – mit einer Sorte reiferer Damen ein bisschen Remmidemmi zu machen.«

Steinfeld müsste entrüstet nach Luft schnappen.

Steinfeld müsste ihm ein Was-erlauben-Sie-sich an den Kopf werfen.

Steinfeld müsste darauf bestehen, den Wagen sofort zu verlassen.

Die Tatsache, dass er in normaler Tonlage antwortet, scheinbar ohne sich auch nur annähernd der Indiskretion, der Unverschämtheit dieser Frage bewusst zu sein, lässt in Rolf den Verdacht aufkommen, dass es keine Panik ist, sondern Angst.

»Nein, das war kein Ehering, es war ein Schmuckring. Er ist gestohlen worden.«

»Im Hotel?«

»Ja, im Hotel, es hat eine Diebin gegeben. Auch anderen Gästen ist Schmuck entwendet worden.«

»Man hat die Diebin gefasst, aber den Schmuck nicht gefunden, stimmt's?«

Der Geruch von Veilchen und Schweiß ist eine seltsame Kombination.

Steinfeld will etwas sagen, aber er bringt nur ein Krächzen hervor. Dann nickt er und starrt seinen Chauffeur ungläubig und entsetzt an.

14,80 Euro, als Rolf erklärt: »Sie haben ›eine Diebin‹ gesagt, das deutet darauf hin, dass man zumindest wusste, wer es war. Sonst würde man doch ›ein Dieb‹ sagen oder zumindest ›Diebe‹. Und wenn man den Schmuck gefunden hätte, würden Sie Ihren Ring ja wieder tragen.«

Er muss die Scheibenwischer anmachen, da es anfängt zu nieseln.

»Es war ein Zimmermädchen.« Steinfelds Stimme ist tonlos.

»Hat man es beim Stehlen erwischt?«

»Nein, aber man hat Haarklammern und andere persönliche

Dinge von ihr in den Zimmern gefunden. Sie wusste immer genau, wann welche Gäste außer Haus waren, da sie abends, wenn ich gespielt habe, an der Bar bedient hat und die Gespräche belauschen konnte.«

»Aber das sind doch keine Beweise. Und ein Zimmermädchen arbeitet eben in den Zimmern.«

»Sie haben Recht, aber der Verdacht fiel trotzdem auf sie, und als man sie danach fragte, hat man gestohlenen Schmuck in ihren Taschen gefunden. Eine Kette und eine Brosche.«

»Ich wundere mich, dass die Hotelleitung nicht versucht hat den Vorfall geheim zu halten. Das gibt doch negative Presse.«

»Sie hat das natürlich versucht, aber wenn Wertgegenstände abhanden kommen –«

»Nicht die Diebstähle, sondern dass es das Zimmermädchen war. Ich meine, der Ruf eines Hotels ist doch ruiniert, wenn herauskommt, dass das Personal klaut.«

»Das hat man ja auch nicht an die große Glocke gehängt.«

»Aber Sie wissen genau, was für Schmuckgegenstände man bei ihr gefunden hat.«

»Ach das –« Steinfeld hüstelt gekünstelt. »Ich kannte sie etwas näher. Sie hieß Maria. Wir hatten eine kleine Affäre, nichts weiter. Natürlich wusste ich da noch nicht, dass –«

»Natürlich.«

Sie verlassen die asphaltierten Straßen, um auf Kopfsteinpflaster zu fahren. Die wenigen Fahrzeuge, die ihnen entgegenkommen, haben Licht eingeschaltet und Rolf tut es ihnen nach.

»Und diese Maria, hat sie ein Veilchenparfüm benutzt?«

»Jetzt sehen Sie, warum es mich so erschreckt hat, dass Sie das gemerkt haben, denn dann wird es nachher auch meine Verlobte merken. Ich werde mich also umziehen müssen. Sie muss das ja nicht unbedingt erfahren. Sie als Mann verstehen ja, so ein kleines Abenteuer …«

»Aber selbstverständlich.«

Steinfeld hat offenbar seine ursprüngliche Fassung wiedererlangt. Es scheint, als sei seine Panik verflogen, da Rolf nun sein kleines Geheimnis kennt und er es nicht mehr verbergen muss. Als sie den Sandigen Weg erreichen, ist er fröhlich, regelrecht heiter. »Dieses Parfüm war auch stark in den Zimmern zu riechen, aus denen Schmuck entwendet worden war, es heißt *Deseo de la noche*.«

Sie halten, der Taxifahrer nennt den Preis, Steinfeld zieht einen 20-Euro-Schein aus der Tasche und Rolf gibt ihm das Wechselgeld. Beide Männer, die jetzt gleichsam Komplizen sind, verlassen den Mercedes und Rolf öffnet den Kofferraum. Er holt die beiden schweren Taschen hervor, stellt sie auf das Kopfsteinpflaster. »Ich habe einmal im Sandigen Weg eine Radkappe verloren«, sagt er. Steinfeld lacht und streckt seinem Mitwisser die Hand entgegen. »Ich sage Ihnen, spanische *chicas* sind die besten *chicas* der Welt. Verraten Sie mein kleines Geheimnis nicht.« Er nimmt eine Tasche in jede Hand und steuert zielstrebig auf eine Baracke zu. Rolf bildet sich ein, hinter den vor Schmutz blinden Fenstern eine Bewegung gesehen zu haben. Wartet hier jemand auf Steinfeld? Vermutlich.

Da der Regen stärker wird, beeilt er sich zu seinem Taxi zurückzukommen. Potenzielle Kunden würde es in dieser Gegend nicht geben, also wendet er und fährt den Weg zurück.

Wieder kommen Gesprächsfetzen aus dem Funktelefon.

»Rolf?«

Der Angesprochene antwortet.

»Ich kann dich hören, Luigi, was gibt's?«

»Rolf, wo bist du denn gerade?«

»Sandiger Weg.«

»Jesses, was willst du denn da, den Schmuck deiner Alten versetzen?«

»Quatsch. Ich nicht, aber ich glaube, der Kunde, den ich eben hatte.«

»Jetzt hör mal auf rumzuspinnen, Rolf. Hattest wieder 'ne lange Nacht, was? Fahr doch mal zu den Baumgärten, da wartet eine Frau Richtung Lutherplatz, okay?«

Burkhard Peter
Taxifahrer in London und Słubice
Ein Beruf, zwei Welten

Mit Ray Breton durch die City of London. Mr. Breton erzählt, dass es ein guter Job ist, in London als »Cabby« zu arbeiten. Es dauert zwar lange und die Prüfungen für eine Taxilizenz sind schwer, aber wenn man es geschafft hat, bietet der Beruf eine solide Lebensgrundlage. Die Stadt ist riesig und voll von Menschen, die von einem Ort zum anderen transportiert werden möchten. Besonders die Banken- und Finanzwelt in der City bietet die Grundlage für ein gutes Geschäft. In den Stoßzeiten stehen hier nicht die Taxen in der Warteschlange, sondern die Fahrgäste reihen sich auf und warten geduldig, bis sie in ein frei werdendes Taxi einsteigen können.

J810 HMG

MINIT

TEMPORARY
ComCab

BARCLAYS BANK

Klaus Bittermann
Der Taxifahrer. Eine empirische Studie

Taxifahrer sind der Abschaum der Gesellschaft, der kleinbürgerliche Mob par excellence, sie sind großmäulig und prahlerisch, sie sind unfreundlich und besserwisserisch, sie sind muffig und maulfaul, können einem aber auch durch ununterbrochenes nach Verständnis und Abnicken heischendes Plappern schwer auf die Nerven gehen, sie sind unsensibel und roh, und wenn ein Bäcker so wenig Ahnung vom Brötchenbacken hätte wie die überwiegende Mehrheit der Taxifahrer von der Topografie ihrer Stadt, müsste er sich in kürzester Zeit nach einem neuen Job umsehen und zum Beispiel einen Taxischein machen, den die meisten Taxifahrer offensichtlich in einem Preisausschreiben gewonnen haben. Denn obwohl sich in diesem Gewerbe die Versager stapeln und drängeln, obwohl also ein Überangebot herrscht, scheint immer noch ein Gefährt frei zu sein, mit dem der Mann, der es sonst zu nichts bringt, auf den wehr- und arglosen Kunden losgelassen wird.

Taxifahrer ist aber auch der ideale Beruf für Männer, die beispielsweise keine Alimente zahlen wollen, weil sie hier bequem unter der entsprechenden Einkommensgrenze bleiben und sich alles, was darüber liegt, in die eigene, abgewetzte und speckige Tasche stecken können, um es anschließend für niedere Zwecke zu verpulvern. Wer also nichts wird oder nichts werden will, wird Taxifahrer, ließe sich in Abwandlung einer unergründlichen Volksweisheit als eine Behauptung aufstellen, die man durch langjährige empirische Studien ganz locker belegen könnte.

Allein die in der Regel äußerst nachlässige Kleidung der Taxifahrer beiderlei Geschlechts lässt darauf schließen, dass ihnen die Meinung Außenstehender vollkommen an ihrem freilich durch die Bank weg sehr unansehnlichen und breit gesessenen Arsch vorbeigeht. Die Schlampigkeit hat Methode und signalisiert: »My home (sprich: Taxi) is my castle und da lümmle ich rum, wie ich will, was dich (in Berlin: dir), feiner Pinkel, den Dreck unter meinen Fingernägeln angeht.« Wobei nicht viel nötig ist, um die Kriterien zu erfüllen, die in den Augen des Taxifahrers einen »feinen Pinkel« ausmachen. Es genügt bereits ein ordentliches Beinkleid, Hemd und Jackett, die *nicht* nach Iltis riechen, um Aversionen hervorzurufen. Die Berufskluft des Taxifahrers hingegen reicht von löchrigen Jeans, wobei an den Rissstellen lange, weiße Bindfäden herabhängen, mit Ausbeulungen, in denen sich unappetitliche Riesengeschwüre vermuten lassen, bis hin zu kackbraunen Blazern, grellfarbenen Hawaii-Hemden und Shorts, deren nähere Betrachtung – auch wenn die entsprechenden Untersuchungen zur Verifizierung dieser Behauptung noch ausstehen – eine augenblickliche Sehschwäche nach sich zieht. Gern werden im Sommer zu den kurzen Schlabberhosen, aus denen Stachliges zum Vorschein kommt, auch Sandalen und weiße Socken getragen, ein hartnäckiger ästhetischer Fehlgriff, den man sich offensichtlich mit voller Absicht leistet, um die Umwelt zu belästigen.

Der Taxifahrer riecht streng. Die Fenster aber bleiben unabhängig von den klimatischen Bedingungen, die gerade herrschen, fest verschlossen. Bittet man unter höflicher Vermeidung eines Hinweises auf gewisse Ausdünstungen, die im Sommer von kuhfladengroßen Schweißflecken unter den Achseln herrühren, und unter scheinheiliger Berufung auf das milde und angenehme Klima draußen, ein Fenster zu öffnen, welches selbstverständlich nur automatisch vom Fahrersitz aus bedient werden kann, dann handelt man sich eine rüde Zurechtweisung ein. »Was glaabe Se dann, wozu es e Klimaolach gibbt?«, wird man in reinster frankfurterischer Mundart belehrt. Die Klimaolach hat zwar längst kapituliert, aber der Herrscher über den elektrischen Fensterheberknopf hat davon nichts bemerkt und wird es auch nie, denn in seinem eigenen

Mief vor sich hinzubrüten ist eine Existenzform, auf die sich seiner Meinung nach weniger verzichten lässt als beispielsweise auf Menschenrechte für irgendwelche hergelaufenen »Neschä«, die doch zurück in den Busch gehen sollen, wenn ihnen hier irgendetwas nicht passt.

Der Taxifahrer ist muffig und maulfaul. Nennt man das Ziel der Fahrt, so legt der Taxifahrer zwar einen Gang ein und gibt Gas, aber er lässt einen im Ungewissen darüber, wohin die Reise geht, denn nicht einmal ein unwirsches Grunzen, unwilliges Brummen oder sonst ein Zeichen des Einverständnisses lassen darauf schließen, dass man verstanden worden ist. Sorgt man sich dann als einer der Topografie der Stadt Unkundiger und wagt es, nachzufragen, riskiert man, in recht unmissverständlicher Weise angeraunzt zu werden, ob man wohl an der Ortskenntnis des Taxifahrers zweifle. Dies würde er zweifellos als Beleidigung auffassen. Er verhält sich nun wie ein schwer Gekränkter, das heißt, fortan lastet sein Schweigen vorwurfsvoll im Wageninneren und er erwartet nunmehr ein das übliche Maß weit übersteigendes Trinkgeld als Wiedergutmachung für die üble Unterstellung, die angeblich in unserer vorlauten und frechen, in Wirklichkeit natürlich sehr schüchtern vorgetragenen Frage lag.

Dabei gibt es zahlreiche Belege dafür, dass Zweifel an der Ortskundigkeit der Taxifahrer mehr als angebracht sind, und kommt in geselliger Runde einmal das dann freilich abendfüllende Gespräch auf das Abenteuer des Taxifahrens, dann lässt sich beobachten, dass die haarsträubenden Geschichten kein Ende nehmen. In Frankfurt, der Hochburg der taxifahrerischen Inkompetenz, gleicht es einem Sechser im Lotto, auf einen Fahrer zu treffen, der auf Anhieb ein Ziel erreicht, sieht man vom Bahnhof oder Flughafen einmal ab, ohne dass er vorher stundenlang sinnlos kreuz und quer durch die Stadt kurvt und auf Straßenschilder schielt in der Hoffnung, die vom Fahrgast gewünschte Straße ließe sich durch die Trial-and-Error-Methode erwischen.

Das hat nur bedingt etwas damit zu tun, dass sich in diesem Beruf – ähnlich übrigens wie bei der Müllabfuhr – mittlerweile viele Ausländer tummeln, für die zwar grundsätzlich das Gleiche gilt wie für ihre »Kollegas« und die man deshalb auch nicht unnötigerweise in Schutz zu nehmen braucht, bei denen man allerdings immerhin nachvollziehen könnte, dass die Orientierung bisweilen verloren geht, da sie von ihren netten Kollegen bei Nachfrage auch gerne in die falsche Richtung geschickt werden. Als Fahrgast kann man dann beim Zurückschauen beobachten, wie sie feixen und sich auf die Schenkel klopfen, ist der Trottel doch selber schuld, wenn er glaubt, im verschärften Existenzkampf könne er auf kollegiale Hilfe zählen. Die Ausländer jedenfalls sind dann erfahrungsgemäß eher bereit die Irrfahrt mit ausgeschaltetem Taxameter zu beenden.

In Köln hingegen fuhr mich ein Eingeborener mit abstoßendem rheinländischen Dialekt fünf Mal eine kilometerlange Straße auf und ab, ununterbrochen vor sich hinfluchend, bevor er endlich die gewünschte Hausnummer entdeckte, ohne auch nur daran zu denken, für die geschundenen Kilometer weniger zu berechnen. Es wäre müßig, mehr von diesen Geschichten aufzuzählen, da jeder ein Lied davon singen kann. Grundsätzlich gilt: Schuld ist immer der Fahrgast, findet der Taxifahrer das angegebene Ziel nicht, denn entweder ist es derartig weitab vom Schuss, dass bislang noch kein normaler Mensch auch nur auf die Idee gekommen wäre, dorthin zu wollen, oder aber der Fahrgast war nicht in der Lage, sein Ziel in der korrekten Betonung des jeweiligen Dialekts zu artikulieren.

Wird man vom Taxifahrer einmal nicht als potenzieller Feind oder als lästige Zumutung empfunden, dann heißt das noch lange nicht, dass sich die Fahrt erfreulicher gestalten würde. Dann fängt die Hölle nämlich erst richtig an. Der Taxifahrer, der sich als Entertainer fühlt und den Gast in ein Gespräch über seine klein karierte Weltanschauung hineinziehen will, ist eine echte Pest. Seine Ansichten bedürfen nämlich gründlicher Korrekturen, würde man aber versuchen ihn aufzuklären, hätte man ihn unwiederbringlich am Hals, so dass man sich nichts sehnlicher wünscht als möglichst schnell anzukommen und zu entfliehen. Gibt man ihm zu verstehen, dass er seine Meinung besser für sich behalten sollte, indem man auf seine Plauderei recht einsilbig reagiert, wird man den Rest der Fahrt mit Werbung und widerlichster, volle Kanne aufgedrehter Schlagermusik aus einem regionalen Dudelsender traktiert.

Versuche, zu Taxifahrern freundlich zu sein, gehen in der Regel schief. In Frankfurt gab ich einer Taxifahrerin zu verstehen, dass sie nach zahlreichen pampigen und unkundigen Kollegen, unter denen ich zu leiden hatte, die erste freundliche Person sei, die ich in ihrem Gewerbe angetroffen hätte, die also gewisse Grundregeln zivilisierten Umgangs zumindest nicht grob fahrlässig verletzt habe. Daraufhin wollte sie mir gleich ihre private Telefonnummer zustecken, unter der ich sie immer erreichen könne, was mich wiederum doch arg überraschte, da mir bislang entgangen war, dass man bei einem freundlichen Wort bereits mit derart unmissverständlichen intimen Kontaktangeboten rechnen muss.

So romantisch, nett und lustig also die Episoden sind, die Jim Jarmusch in ›Night on Earth‹ zeigt, die Realität sieht um einiges bescheidener aus, und wahrscheinlich ist es kein Zufall, dass eine in Berlin spielende Geschichte fehlt. Abgesehen davon, dass meine empirische Forschung nicht ausreicht, um Taxifahrer in Rom, Paris, New York oder Helsinki beurteilen zu können, gibt es in ›Night on Earth‹ gewisse Hinweise darauf, dass die Unterschiede zu den in Deutschland gemachten Erfahrungen nicht allzu groß sein dürften. Der Charme des Films besteht ja gerade darin, dass Jarmusch die nervensägigen Elemente einer Taxifahrt aufgreift und karikiert, so dass beispielsweise aus der völligen Übertreibung des Plaudertriebs eine unglaublich komische Geschichte entsteht, die man allerdings nur als Zuschauer goutieren kann, während man als Betroffener vielleicht so zu leiden hätte wie der Priester aus Rom, den Roberto Benigni als Taxifahrer im wörtlichen Sinn zu Tode quatscht. Und auch die vollkommene Ortsunkenntnis von Armin Müller-Stahl in New York ist nicht frei erfunden, sondern beruht auf sehr unerfreulichen Erfahrungen, ohne dass der Fahrer dann bereitwillig dem Fahrgast das Steuer überlassen würde.

An der in Zeiten des Kalten Kriegs in der DDR herrschenden Diktatur der Kellner und Taxifahrer hat sich nichts wesentlich geändert. Während man im Gaststättengewerbe gelernt hat seine Gäste nicht mehr mit einem »Sie werden platziert!« anzubelfern, außer in Alternativkneipen, wo die Kundschaft förmlich nach schlechter Behandlung lechzt, muss man bei den Taxifahrern auch heute noch erst untertänigst sein Reiseziel kundtun, während sich der Terrorist hinterm Lenkrad popelnd und grummelnd überlegt, ob er sich das antun soll. »Repression, das ist nicht mehr die Sache der Polizei«, schreibt Félix Guattari, »sondern immer häufiger auch eine der Sozialarbeiter, der Journalisten, des Fernsehens, der Tankwarte, der Taxichauffeure und so weiter, und genau hier besteht für mich eine ebenso große Gefahr wie die sowjetischen Gulags und die nationalsozialistischen Konzentrationslager. Mit anderen Worten, wir gehen neuen Gulags, neuen Konzentrationslagern entgegen, aber Achtung, in sehr modernisierter Form.« Die Taxifahrer wären, wenn ihnen Gulags und Konzentrationslager nicht zu viel Initiative abverlangen würden, sofort dabei. Mit ihren Wünschen und Hoffnungen jedenfalls haben sie ihre Fahrgäste schon häufiger dorthin verfrachtet.

Natürlich ist der Job des Taxifahrers wie geschaffen für diese unangenehme Sorte von Leuten, die glauben, als Taxifahrer nichts tun zu müssen, die eigene Schlechtlaunigkeit ausleben und anderen damit auf den Wecker fallen zu können. Der Job stellt keinerlei Ansprüche und durch den Kontakt mit Fahrgästen, die den Taxifahrern häufig in nichts nachstehen, ist die Misanthropie in diesem Gewerbe weit verbreitet. Dies alles sind günstige Voraussetzungen, um Versager aus allen Schichten der Gesellschaft magisch anzuziehen. Dass Joseph Fischer in diesem Gewerbe einmal tätig war, ist kein Zufall und beweist nur die strukturelle Ähnlichkeit, die zwischen Taxifahrern und Politikern vorhanden ist. Auch in der Politik treiben sich nicht wenige Versager herum, die außer großmäuligem Auftrumpfen und dem instinktiven Wissen, wie man mit den Medien umgeht, damit sie einem aus der Hand fressen, nichts auf der Pfanne haben. »Kein Wunder, Taxifahrer!«, kommentierte Harry Rowohlt denn auch einmal die Schwärmerei eines Buchhändlers darüber, dass Fischer eine Stunde lang aus dem Stegreif und ohne Manuskript gesprochen hatte. Auch Hitler wäre vermutlich Taxifahrer gewesen, wenn damals der Beruf nicht so exklusiv gewesen wäre.

Auch wenn es für manchen jetzt so aussieht, als hegte ich Ressentiments gegen Taxifahrer: Ich persönlich habe nichts gegen sie. Einige meiner besten Freunde sind Taxifahrer.

Malediva
Erni Singerl liegt in Erding

Moderner Schwank mit etlichen guten und notwendigen Regieanweisungen

München. Hille Busch nimmt am Flughafen Franz-Josef-Strauß ein Taxi in die Stadt. Bald sieht man die Spitzen des Olympiastadions. Der Taxifahrer sagt:

– Grüß Gott!
– Guten Tag. Ich suche ein Taxi, das mich in die Stadt fährt.
– Mein Auto nennt sich Taxi! Mich nennt man Taxifahrer! In die Stadt! Ist recht!
– (…)
– Waren Sie schon mal in München?
– Das ist lange her.
– Und jetzt kommen Sie zurück! Zurück in die schöne Stadt, das große Dorf am Fuße der Alpen!
– Ja.
– Also hat es Ihnen gefallen! Sie haben es lieben gelernt bei Ihrem Besuch!
– Es?
– Es! Die Stadt! Das Häusermeer!

Häuser wachsen aus dem Boden des Theaters. Hinter den Brotpapierfensterscheiben leuchten warme Lichter.

– Ich war im Englischen Garten und im Technikmuseum.
– Im Museum! Bei den Flugzeugen!
– Ja. Auch Flugzeuge.
– Wunderschön sind die. Wunderschön! Sie stellen keine Taxis aus! In Amerika haben sie ein Museum, in dem sie Taxis ausstellen! Waren Sie schon einmal in Amerika?

– Im Englischen Garten habe ich damals Uschi Glas gesehen. Ich komme in den Englischen Garten und Uschi Glas spricht mit Erni Singerl.
– Privat?
– Nein. Nicht privat. Uschi Glas wird gefilmt. Also spricht Uschi Glas eigentlich nicht mit Erni Singerl. Uschi Glas hat einen Text auswendig gelernt und spricht ihn jetzt Erni Singerl ins Gesicht. Am Monopteros.
– Die Singerl liegt in Erding!
– Weißt, Josefa, des is die Wies'n, wo wir als Kinder immer g'spielt hab'n. Und der Vater war immer so stolz auf uns g'we-s'n. Schön is' des. Wie auf dem Bild in die'm Schlafzimmer. Wie ein Impressionist! Und jetzt Hamburg, Josefa. Hamburg! Gehör i nach Hamburg, Josefa? Das hat Uschi Glas damals gesagt.

Eine Stimme sagt etwas Bayerisches. Etwas Bairisches. Etwas mit Kühen. Und Glocken. Etwas Bayrisches.

– Ja mei, Sie sprechen ja Bayerisch!
– Uschi Glas spricht Bayerisch, als hätte sie es auf der Volkshochschule gelernt. Uschi Glas spricht ein Bayerisch, das auch die ZDF-Zuschauer verstehen. Und Erni Singerl verzieht dabei keine Miene.
– Die Singerl liegt in Erding!
– Ich sehe die Spitzen des Olympiastadions.
– Da sind die Juden verbrannt! In dem Helikopter! Haben Sie das gesehen? Dafür sind Sie ja zu jung! Jung sind Sie! Schön sind Sie auch! Entschuldigung! Aber das wird man ja sagen dürfen!
– Das ist sehr freundlich.
– Gern geschehn!
– Ich bin sehr schön. Aber auch sehr unglücklich.
– Sie haben geliebt! Und verloren!
– Das stimmt. Geliebt und verloren. Wie konnten Sie das wissen?

Liebe. Dann Licht von oben. Licht von hinten. Das zieht immer.

– Ja, sehen Sie, wir Taxifahrer erleben so viel! Und hören so manches! Ich bin die Frau, deren Mann sie wegen einer Jüngeren verlassen hat! Und die nun das Taxifahren anfangen muss, um leben zu können! Ich bin der Schreiber, der nicht gelesen wird! Ich bin die Studentin, die Versagensängste plagen und die zur Prüfung sich nicht melden kann! Ich bin der ewige Taxifahrer! Die ewige Taxifahrerin! Wir alle haben unsere Lizenz gemacht! Und nun sind wir das Ohr der Städte! Die Ohren der Stadt!
– Sie fahren sehr schnell.
– Nein! Sehen Sie! Wir stehen still. Die Welt ist es, die sich so fürchterlich furchtbar schnell dreht! Sehen Sie!
– Die Stadtautobahn! Eben waren da noch die Spitzen des Olympiastadions. Und nun sehe ich schon den Münchner Menschen, den nur eine Gardine von unserer rasenden Fahrt trennt! Und den Zylinder des BMW-Gebäudes. Und den Viktualienmarkt. Und die Maximilianstraße. Erkennt man die magere Verkäuferin in ihrem Chanel-Kostüm, die sich still wie eine Schaufensterpuppe in ihre Auslage stellt, um Passanten zu erschrecken? Ja, die Welt dreht sich wahrlich schnell.

Man sieht die Stadtautobahn. Das Olympiastadion. Das BMW-Gebäude. Das andere Zeuch. Der Münchner Mensch geht auf und wieder ab. Den Rest stellt man sich vor. Fantasie. Zauberei. Magie.

– Ja! Freilich! Gut erkennt man die! Die verrückte Schachtel! Immer Passanten erschrecken! Das irre Weib!
– Ich habe mir ein Gästezimmer genommen. In einem Einfamilienhaus am Rande der Stadt. Wo es so traurig ist, wie ich es bin.
– Sie haben einen Kühlschrank dort! Und einen Eierkocher! So können Sie sich morgens ein Ei kochen!

Kein Ei. Bitte kein Ei. Das wäre zu viel. Und peinlich. Wirklich.

– Woher wissen Sie?
– Siehe oben!
– Richtig. Ich werde wohl kein Ei kochen. Ein Eierkocher hat mich um die Liebe meines Lebens betrogen.
– Erzählen Sie! Ich werde Ihr Ohr sein!
– Fahren Sie mich zu meinem Gästezimmer?
– Freilich! Zu Ihrem Zimmer! Aber nun! Erzählen Sie!
– Ich sage: Nimmst du ein Ei zum Frühstück? Und er sagt: Danke, gern. Ja. Heute einmal mit Ei. Und ich sagte: Wir haben immer mit Ei gefrühstückt. Und er sagte: Wir haben immer mit Ei gefrühstückt. Wir hatten immer jeder ein Ei zum Frühstück. Wie langweilig. Und ich sagte: Wir haben eben gern immer jeder ein Ei gegessen. Und er sagte: Und natürlich hast du die Eier gekocht. Bist früher aufgestanden als ich und hast schon mal die Eier gekocht. Vielleicht habe ich schon seit Wochen oder seit Monaten genug von Frühstückseiern. Aber immer, wenn ich aufwache, riecht es schon nach Ei. Die ganze Wohnung! Nach Ei und nach Eierkocher. Vor diesem Ei- und Eierkochergeruch gibt es kein Entkommen. Und ich sagte: Ich weiß mir nicht mehr zu helfen. Warum hast du nie etwas gesagt! Und er sagte: Warum hast du nicht einmal Obstsalat gemacht. Oder Waffeln!
– Obstsalat!
– Ja. Es lag wohl am Obstsalat. Lag es? Ich weiß mir nicht mehr zu helfen.
– (…)
– Ist das nicht die Bavaria! So golden und schön! Wie die Touristen strahlen, wenn sie sie ansehen! Das muss uns doch über alles hinwegtrösten! Uns und alle auf der ganzen Welt! So viel Gold! Und so viel Schönheit!

Lichtspiegelung eines Rückspiegels oder einer Nebelleuchte. Lieber Rückspiegel.

– Es ist nur eine Lichtspiegelung gewesen! Das ist nicht die Bavaria! Nur der Lichtblitz eines Rückspiegels! Oder eine Nebelleuchte! Sehen Sie!
– Nicht die Bavaria!
– Nein!
– Ich bin so verwirrt. Und so traurig. Entschuldigen Sie.
– Man hat Ihnen neulich das Herz gebrochen! Ich entschuldige!

Das Herz. Klar.

– (...)
– Wir Taxifahrer leben gefährlich!
– Sie fahren ja auch sehr schnell.
– Wir werden überfallen! Wir Taxifahrerinnen werden ausgeraubt und eventuell vergewaltigt! Wir Taxifahrer werden ausgeraubt und zerschlagen! Und angefahren! Und ausgebremst! Oft sind wir tot, bevor Hilfe kommt! Viele von uns sterben!
– Sedlmayr auch. Er ist auch tot. Erstochen. Ein unglücklicher Mensch. Schon vorher muss er sehr unglücklich gewesen sein. Trotz all der Antiquitäten.
– Schöne Sachen! Madonnen! Kruzifixe! Religion! Es gibt viel Religion hier bei uns! Trotzdem werden viele von uns erstochen oder vergewaltigt oder überfallen!
– Uschi Glas ist gerade überfallen worden.
– Im Englischen Garten!
– Nein. Oder? Nein. Wohl nicht. Sie hat im Fernsehen darüber gesprochen, wie man sich als Opfer eines Überfalls fühlt. Sie hatte kein Make-up aufgelegt und ihr Haar schlecht frisiert und sah daher wirklich aus wie ein Opfer.
– Der Taxifahrer ist das ideale Opfer! Das perfekte Opfer! Er dreht dem Täter seinen Rücken zu! Beruflich! Verkehrsbedingt! Auch darf er sich nicht anschnallen! Alle anderen werden,

schnallen sie sich nicht an, bestraft! Nur der Taxifahrer nicht! Der darf sich nicht anschnallen! Haben Sie das gewusst?
– Uschi Glas wählt CSU. Und sie sei mit Peter Gauweiler befreundet. Sie ist. Sie ist mit Peter Gauweiler befreundet. Der vielleicht ein Neonazi sei.
– Ist! Da sitzen Sie auf der Rückbank eines Taxis, das Sie vom Flughafen Franz-Josef-Strauß zu Ihrem Gästezimmer bringt, und Sie freuen sich, dass Uschi Glas überfallen worden ist! Weil sie mit Peter Gauweiler befreundet ist! Weil sie CSU wählt! Sie freuen sich und Sie sagen sich, es hat einmal die Richtige getroffen!

Die Richtige geht auf. Sie wird einmal getroffen.

– Ein bisschen schäme ich mich. Ein wenig.
– Sie hätten Uschi Glas gern selbst überfallen! Jetzt geben Sie das schon zu! Nur ist Ihnen ein anderer zuvorgekommen!
– Nehmen Sie mir das übel? Als Münchner? Als Taxifahrer!
– Ich bin das Ohr der Städte! Ich bin das Ohr dieser Stadt! Ich höre die Geschichten der Enttäuschten und der Verlassenen, der Verratenen, der Gequälten, der Einsamen, der Hoffnungslosen! Was kümmert mich ein Schlag auf Uschi Glas! Was kümmern mich zwei oder drei oder vier Schläge auf Uschi Glas? Hat sie Geld verloren? Oder Schmuck? Sie hat Geld! Sie hat Schmuck! Was soll uns das Leid der Uschi Glas barmen? Gauweiler-Freundin! CSU-Wählerin!

Drei harte Schläge auf Uschi Glas. Vier! Und noch einer! Und noch!

– Ich sitze in einem sehr schönen Taxi. Eben sehe ich es! Ein sehr schöner Wagen. Beige.
– Danke sehr!
– Ich bin unglücklich. Mein Eierkochen hat mich um die Liebe meines Lebens betrogen. Ich bin so verwirrt. Und so traurig. Entschuldigen Sie.

– Erzählen Sie!
– Ich langweile Sie. Ich werde Sie langweilen. Und der Taxifahrer kämpft doch ohnehin einen großen Kampf gegen die Langeweile!
– Erzählen Sie! Wir sind die Ohren der Städte!

Wir zeigen keine Ohren. Natürlich nicht. Keine Ohren. Eine dumme Idee.

– Ich weiß noch, ich sagte: Und jetzt. Trennen wir uns? Und er sagte: Ja. Und ich sagte: Dann muss es einer sagen. Und er sagte: Was? Und ich sagte: Dass wir uns trennen. Damit es nicht einfach so passiert. Nicht zufällig. Es muss eine Absicht sein. Sag es. Und er sagte: Du bist so traurig. Und so verwirrt. Daher sage ich es. Und ich sagte: Sag es! Und er sagte: Wir werden uns trennen. Und ich sagte: Gut.
– Als Sie das Taxi bestiegen, habe ich Sie sofort erkannt!
– Sie kennen mich?
– Als Sie das Taxi bestiegen, habe ich sofort gesehen, dass Sie schon einmal so dagesessen sind! Vor Jahren! Ich sagte damals: Grüß Gott! Und Sie sagten damals: Grüß Gott!
– Sie haben ein gutes Gedächtnis. Nicht nur ein gutes Ohr. Auch ein gutes Gedächtnis. Wie praktisch für einen Taxifahrer oder eine Taxifahrerin, wie Sie es sind. Sich die Straßen merken zu können und Gesichter. Die Häuser und die Geschichten.
– Wie haben Sie mich wiederfinden können?
– Ich habe Ihre Karte aufgehoben.
– Haben Sie die Karte aufgehoben?
– Ja.
– Keiner hebt unsere Karten auf!
– Ich schon. Ich bin anhänglich.
– Ja! Ha ha! Das sind Sie! Anhänglich! Ich hatte einmal einen Hasen, der ging ohne mich keinen Schritt! Immer habe ich ihm frisches Gras gepflückt, denn das fressen die Hasen gern, frisches Gras! Wir haben damals an der Bundesstraße gewohnt, dort habe ich das Gras gepflückt, bis der Hase schließlich an

Bleivergiftung eingegangen ist! Vergiftung! Durch Blei! Mein armer Hase! Mein Hase! Ich vermisse ihn sehr! Arg!

Ein Hase wird mit Gras gefüttert. Er frisst das Gras und peu à peu verliert sein Fell an Glanz. Er strauchelt. Er versucht sein Nest zu erreichen und fällt auf die Seite. Er zuckt noch einmal mit den Läufen. Er stirbt. Er wird vermisst. Arg.

– Das tut mir Leid.
– Das haben wir Kinder nicht wissen können! Das mit dem Blei!
– Nein.
– Wir waren unschuldig! Ist es unsere Verantwortung, wenn der Hase Blei frisst?
– Nein. Wohl nicht. Oder? Nein. Seien Sie ganz ruhig. Kinder wissen noch von nichts. Sie trifft keine Schuld.
– Ich danke Ihnen!
– Gern geschehen.
– Was hat er dann gesagt? Erzählen Sie!
– Ich sagte: Wer zieht aus? Und er sagte: Es ist meine Wohnung. Und ich sagte: Ja. Und er sagte: Du musst nicht sofort etwas anderes finden. Und ich sagte: Nein. Nicht sofort. Und er sagte: Du kannst im Wohnzimmer schlafen. Und ich sagte: Im Wohnzimmer. Und er sagte: Oder ich. Ich schlafe im Wohnzimmer. Und ich sagte: Ja.
– Sie haben ihn gebarmt! Sehen Sie! Er schlief im Wohnzimmer! Erzählen Sie! Erzählen Sie!
– Und er sagte: Das Angebot aus München … Und ich sagte: Ja. Das werd ich wohl machen. Und er sagte: München. Und ich sagte: Ja. Und er sagte: Da warst du ja auch schon mal. Und ich sagte: Ja, im Technikmuseum. Damals habe ich Uschi Glas gesehen. Und Erni Singerl. Und er sagte: Wen? Und plötzlich wurde mir alles klar.
– Er kannte Erni Singerl nicht!
– Nein. Er hat sie nie gekannt.
– Sie trägt eine Perücke!

– Ich weiß. Alle wissen das. Sie trägt schon immer diese Perücken. Es sind hässliche, alte und sehr beige Perücken.
– Dieses Taxi ist beige!

Beige. Beige! Kein helles Braun. Kein Elfenbein. Beige.

– Es ist ein sehr schönes Taxi.
– Und schnell! Das ist die Welt. Die Welt, die sich so fürchterlich furchtbar schnell dreht.
– Erni Singerl würde ich gern noch einmal sehen. Machen wir einen Umweg über den Englischen Garten?
– Erni Singerl liegt in Erding!
– Was! Sie liegt!
– In Erding!
– Lange schon?
– Sie kommen zu spät!
– Ja. Zu spät.
– Ich bringe Sie zurück zum Flughafen! Fahren Sie zurück! Fahren Sie zurück! Und kochen Sie vielleicht einmal kein Ei! Waffeln! Oder einen Obstsalat!
– Sie sind ein guter Taxifahrer. Ich bin so traurig und so verwirrt. Aber ich habe mich erinnert. Daher habe ich Ihre Karte aufbewahrt. Ich hasse München. Wer ist schon Uschi Glas? Ihr Sohn rasiert sich den Schädel. Wo ist die Religion? Ist sie in München? Und ich fahre selten Taxi. Schon meine Eltern gaben nicht gern Geld für ein Taxi aus. Und trotzdem fahre ich Taxi und bin ich in München und bin ich unglücklich und bin ich auf dem Wege der Besserung.

Uschi Glas' Sohn tritt auf. Er hat sich die Haare wachsen lassen. Er sieht gekränkt aus. Er hält eine Verteidigungsrede. Die Akustik ist mies. Man kann ihn im Parkett nicht verstehen. Das ist gut so.

– Kommen Sie wieder einmal her! Kommen Sie wieder einmal her und fahren Sie Taxi! In die Stadt! Durch die Stadt!

– Ich kochte jetzt gern ein Ei.
– Für ihn!
– Vielleicht.
– Und er wird warten!
– Das könnte doch sein.
– Dann haben Sie hier Ihr Glück gemacht!
– Ich hätte gern Erni Singerl kennen gelernt.
– Die liegt in Erding!
– Sie wissen, wer Erni Singerl ist?
– Freilich!
– Fahren Sie mich zurück?
– Ja! Wir fahren zurück! Natürlich! Auf Wiederschaun! Bewahren Sie meine Karte auf.
– Natürlich. Leben Sie wohl!

Auf einer Leinwand werden die schönsten Filme Erni Singerls in Ausschnitten gezeigt. Sie richtet ein Grußwort an das Publikum. Viele weinen. Einige erheben sich von ihren Plätzen. Andere entfalten ein Transparent, auf dem steht: DIE LIEBE LEBT. Das ist ein Irrtum. Vielleicht. Schluss.

Burkhard Peter
Taxifahrer in London und Słubice
Ein Beruf, zwei Welten

Von Londoner Zuständen können Krzysztof Kowalski und seine Kollegen in der polnischen Grenzstadt Słubice heute nur träumen. Für sie gab es lediglich in den ersten Jahren nach der Wende viel zu fahren. Vorwiegend Deutsche, die zum nahe gelegenen »Basar« wollten, um auf Schnäppchenjagd zu gehen, oder, in besonders glücklichen Fällen, ältere Deutsche, die sich mit dem Taxi in eine ihrer früheren Heimatstädte wie Wrozław (Breslau) oder Zielona Góra (Grünberg) chauffieren ließen. Die Fahrt mit dem eigenen Auto war den ersten Heimattouristen noch zu riskant und das polnische Taxi auch über eine solche Distanz erschwinglich. Heute fährt der Tourist mit dem eigenen Wagen und stellt es auf den bewachten Parkplatz. Der Basar ist auch nicht mehr so attraktiv und die Taxifahrer haben schwere Konkurrenz von Busunternehmern bekommen, die ihre Kundschaft im Kleinbus für einen Bruchteil des Fahrpreises zum Einkauf kutschieren. Schlechte Zeiten für Pan Kowalski und seine Kollegen, die sie hauptsächlich wartend verbringen müssen.

TAXI

BILLIG
TAXI
GRENZE......BASAR
BASAR......GRENZE
3 EUR
ODER 10 ZL

TAXI
TABAC SHOP
TAXI
TAXI
TAXI
TAXI
SL F346
GWD 4399

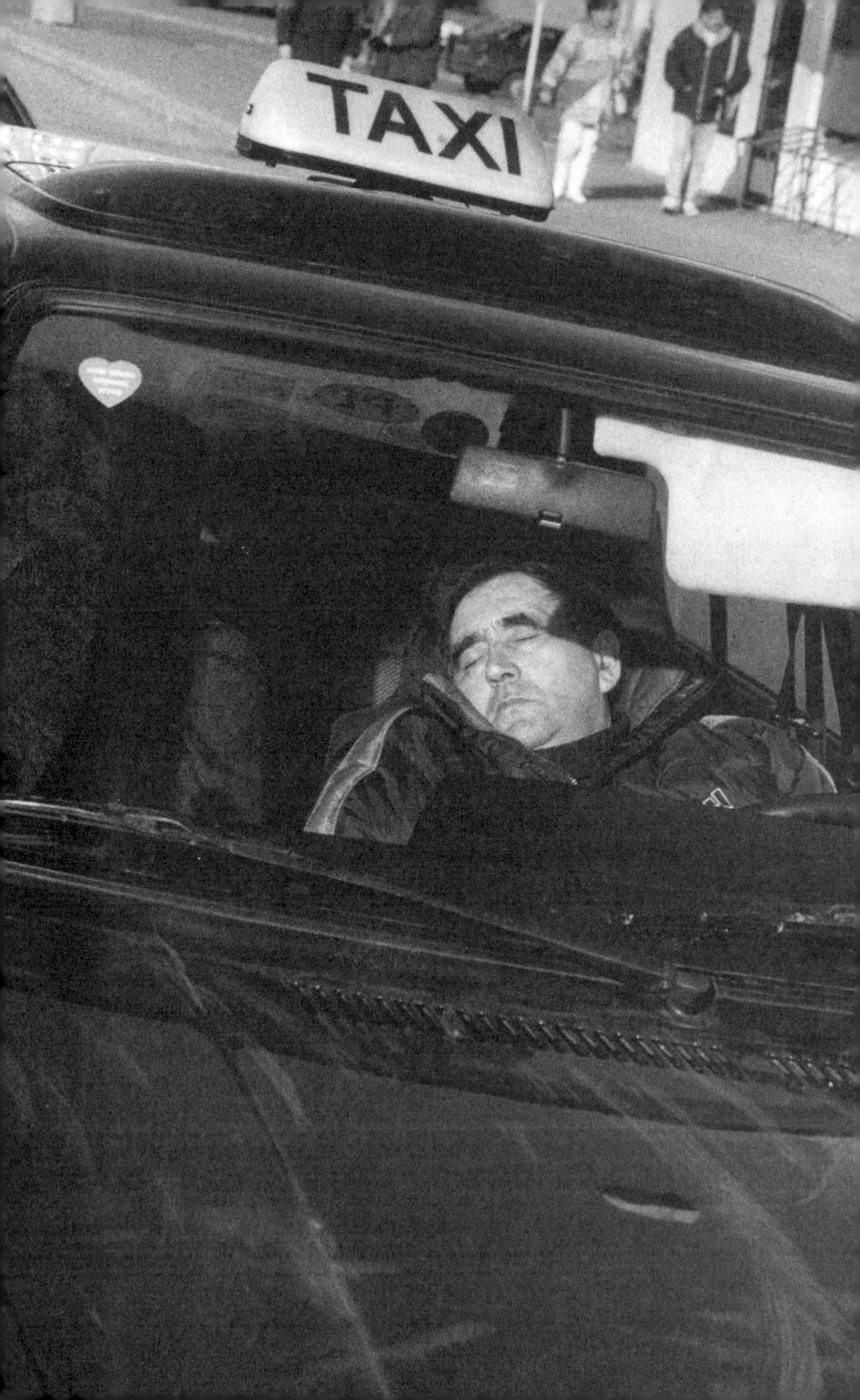
TAXI

ICON

HOTEL

PRYWATNY KLUB
UL. WOJSKA POLSKIEGO
24h
ANABEL

TAXI
FSL G031

TAXI
Parkomat
Bilety parkingowe
TAXI
LODY
NAPOJE
GWF 4385

Jess Jochimsen
Night on Earth – Die sechste Stadt

Für Christian Brückner

»Und – wohin soll's gehen?«

In neunundneunzig von hundert Fällen begrüßen mich Taxifahrer mit der »Und – wohin soll's gehen?«-Frage. Der hundertste Fall war eines Abends am Bahnhof.

»Taking the cab in a small town« heißt es in einem Song von irgend so einem Westküstenheinz – wie auch immer, zumindest ist es ein Synonym für »mir ist nicht mehr zu helfen«. In einer Stadt wie Freiburg das Taxi zu nehmen ist tatsächlich genauso, aber ich lebe hier, zumindest zurzeit, und manchmal brauche ich das einfach.

Gegen alle Gewohnheit nahm ich auf dem Rücksitz Platz, seufzte theatralisch, um zu signalisieren, dass mir eine anstrengende Zugfahrt in den Knochen steckte, und wartete darauf, dass sich der Taxifahrer zu mir umdrehte. Der aber starrte weiter aus dem Fenster, stellte mechanisch die Uhr an und fuhr schweigend los. Auch mal 'ne Variante, dachte ich und schwieg ebenfalls. Wortlos fuhr er die Schnewlinstraße runter und bog links auf den Zubringer ein.

Meine Richtung! Vielleicht weiß er, wo ich wohne?

Kronenbrücke – er wusste es eher nicht.

Auf Höhe der Uni zeigte das Taxameter 8,60 Mark an und immer noch hatten wir kein Wort gewechselt. An sich bin ich ein großer Freund kommunikationsfreier Taxifahrten, diese aber könnte ein teurer Spaß werden. Trotzdem sagte ich nichts, auch nicht, als es am Fahnenbergplatz wieder nach links ging. Warum nicht mal schweigend im Kreis fahren? Schau ich mir halt bisschen die Stadt an. Kostenpunkt mittlerweile 13,20 Mark für die Strecke vom Bahnhof bis zum Bahnhof.

Na ja, von irgendwas muss er ja auch leben. Als sich bei

17,00 Mark abzeichnete, dass mein Chauffeur die gewählte Rundtour nicht nur schön, sondern auch eine Wiederholung wert fand, dachte ich: Also jetzt sag ich auch nichts mehr, besser der Irre kennt meine Adresse nicht.

Als könnte er Gedanken lesen, verstellte der Taxifahrer den Rückspiegel, so dass er mich sehen konnte, und sagte den magischen Satz: »Scheiße, Mann. Warst du schon mal unglücklich verliebt?«

Ich dachte: Halt die Klappe und fahr mich heim. Außerdem geht dich das gar nichts an, Mr. Cabdriver, natürlich war ich schon mal unglücklich verliebt, zweimal, um genau zu sein. Gelitten wie ein Hund habe ich, dass ich Luft war für Katja Berger, in der Wittelsbacher Grundschule. Jahrelang interessierte sie sich für überhaupt niemand außer für ihre Freundinnen und ihre Pferdeposter. Und dann ging sie auf einmal mit diesem Christoph, verdammt, der supertolle Christoph, der immer als Erster in die Brennballmannschaft gewählt wurde. Aber das werde ich dir nicht erzählen, Taxifahrer, Akademiker, gescheiterter. Das zweite Mal unglücklich verliebt war noch schlimmer, da …

»Ja«, hörte ich mich sagen.

»In wen?«, fragte er und bog mal wieder auf den Zubringer ein.

»Sie wissen nicht wirklich, wo ich wohne, oder?«

»In wen?«, wiederholte er seine Frage.

»In Winona Ryder aus *Night on Earth*.«

Er schwieg.

Die Wahrheit: Das mit Sophie Marceau war Liebe, in Winona Ryder war ich verschossen. Hin und weg war ich von ihr, in Jim Jarmuschs Kultfilm. Winona Ryder, so unglaublich sexy als Taxifahrerin in L.A., wie sie auf einem Packen Telefonbüchern sitzt, um überhaupt ans Lenkrad zu kommen, und wie sie dieser Pelzjacken-Filmzicke, die sie durch die Stadt kutschiert, eine Absage erteilt. Die Pelzjacke sagt: »Ich kann dir helfen, Schätzchen. Willst du zum Film? Schauspiel, Schätzchen. Karriere, Hollywood, hm?«

»No Ma'am. I got a job.«

Taxifahren ist krisensicher und Winona sagt noch: »Aber ich kann Sie hinfahren, nach Hollywood, das bringt 'ne Stange Geld.«

Gott ja, ich war verliebt – unglücklich verliebt.

Mein Taxifahrer sagte nichts – klar – und wir fuhren zum vierten Mal über die Kronenbrücke.

»Kennen Sie *Night on Earth*?«

Keine Antwort. Natürlich kannte er den Film. Alle Taxifahrer mit abgebrochenem Hochschulstudium kannten *Night on Earth*, fünf Taxigeschichten – cabstorys, in einer Nacht, in Amerika, Italien, Frankreich, kurze Nacht-Abenteuer ...

Okay, falsche Baustelle, hier war Freiburg und nicht Los Angeles. Er war nicht Armin Müller-Stahl in New York oder Roberto Benigni in Rom. Er war ... hier halt. Mal einen betrunkenen Zahnarzt die hundert Meter vom Bahnhof ins Colombi fahren, für 20,00 Mark Trinkgeld, mal eine Provinz-Persönlichkeit in den Puff, und das war's dann auch schon mit Abenteuer.

Das Taxi hielt. Am Bahnhof – wo sonst. Die Uhr zeigte 48,20 Mark an und zum ersten Mal betrachtete ich den Fahrer näher. Er war klein, ziemlich klein sogar und traurig. Er guckte trauriger als die drei Kaurismäki-Typen zusammen in dem finnischen Taxi in der Helsinki-Episode in *Night on Earth*.

Verdammt, ich wollte ihn nicht verletzen. Was konnte ich dafür, dass hier nichts passiert. Warum fragt er mich auch nach Winona Ryder, der Zwerg? Und kriegt ansonsten das Maul nicht auf. Fast 50,00 Mark für viermal um die Innenstadt! Na großartig! »Taking the cab in a small town ...«

Er sagte immer noch keinen Ton und das Taxameter klackerte weiter vor sich hin. Wenn er alle seine Fahrgäste so behandelte wie mich, dürfte er ganz gut verdienen. Scheiß-Stadt!

In diesem Moment kam eine groß gewachsene Frau aus der Bahnhofshalle und sah sich suchend um. Sie war sexy und so overdressed, wie man es in Freiburg nur sein konnte: Sonnenbrille, Stöckelschuhe und Pelzmantel – im Juni. Eine Frau, für die jeder Taxifahrer der Welt seinen Rückspiegel verstellt.

Ich überlegte kurz, ob ich sie nicht heranwinken sollte, dann könnten wir zu dritt im Kreis fahren – da hätte er mal was erlebt. *Die Frau hättste mal nach der Liebe fragen sollen, du Arschloch,* und da begriff ich: Ich hatte ihm sein Abenteuer vorenthalten, sein kleines, bekacktes Kleinstadt-Abenteuer.

Er hatte eben nicht wissen wollen: »Und – wohin soll's gehen?«, sondern einen Satz gesagt, der sich nicht gehörte, einen Satz, der alles umwirft, wenn man ihn nur richtig beantwortete, einen magischen Satz, der direkt ins Abenteuer hätte führen können.

Und ich hatte ihn verspottet. Die Strafe dafür sah super aus, stand fünf Meter vor uns und stieg in ein anderes Taxi.

Das war's dann. »Taking the cab in a small town.«

Mein Fahrer stellte das Taxameter mechanisch auf null und drehte sich zu mir um.

»Und – wohin soll's gehen?«

Diesmal sagte ich den magischen Satz: »Folgen Sie diesem Wagen!«

Der Witz hatte Chris schon die ganze Zugfahrt über auf der Zunge gelegen. Und jetzt, als er in Freiburg ankam, sprach er ihn leise aus: »Was will eine Frau wie ich in einer Stadt wie dieser?«

Ficken – und dann möglichst schnell wieder weg.

Chris musste lachen: Als ob man dazu nach Freiburg müsste! Andererseits: Er hatte eine Art Date und nach Köln würde er heute bestimmt nicht mehr zurückfahren. Und: Sie hielten ihn hier tatsächlich für eine Frau. In Köln sah ihm jeder Gemüsehändler die Fummeltrine an – gut, die meisten waren selber welche, aber hier … Gab es hier keine Tunten?

Schon der Schaffner im Zug hatte ihn eindeutig taxiert. Tarzan sieht Jane, ganz klar diese Kiste. Kein blöder Spruch wegen seines Pelzmantels, der Schaffner war schlicht und einfach spitz. Und als Chris dann in dieser Bruchbude von Bahnhof einen Mann nach dem Taxistand fragte, wurde er mit »schöne

Frau« angeredet und der Typ starrte ohne jede Ironie auf seine falschen Titten, ernsthaft.

Geile Stadt! Ein Jammer, hier ausgerechnet in ein Schwulencafé zu gehen. Chris dachte: Wenn die hier alle so drauf sind, sollte man sich lieber was unters Volk mischen, einen unbedarften Heterohintern aufreißen und schauen, wie weit sich das Spiel treiben ließe. Wobei, dieser Jürgen war auch nicht zu verachten.

Jürgen – sein Freiburger Date. Er studierte Geschichte und sah auch ein bisschen danach aus, aber Chris mochte das, dieses Verkopfte, Steife. Er hatte Jürgen vor ein paar Wochen auf dem CSD kennen gelernt, wo dieser natürlich aus politischen Gründen mitgelaufen war. Chris grinste. Solange sich die Politik in seinem Bett abspielte, hatte er nichts dagegen.

Und jetzt kam er sogar zu Besuch, auf Stichvisite in die Kleinstadt. Treffen wollten sie sich in einer Kneipe. Neutraler Boden – Jürgens Vorschlag. Chris wäre ein schickes Abendessen und dann ab in die Falle lieber gewesen, aber egal – es sei ein echter Szeneschuppen. Chris hätte immer noch lachen können, der Geschichtsstudent hatte das, als sie sich telefonisch verabredeten, wirklich so gesagt: »Es ist echt toll da und freitags ist das Café schwul.«

Oho, ein schwules Café! Aber nur freitags, sonst ist das Café normal. Was ein Spaß. Wahrscheinlich gab es hier nicht so viele Läden, da brauchte man schon einen Stundenplan: Mittwoch läuft Tango, Donnerstag gibt es Milch und Freitag ist schwul. Außerdem sei das Café ganz in der Nähe des Bahnhofs.

Trotzdem beschloss er ein Taxi zu nehmen. Die Vorstellung, in seinem Aufzug nach dem Weg zu einem Schwulenclub zu fragen, hatte zwar was, aber Chris liebte es, chauffiert zu werden, und außerdem stand er auf Taxifahrer.

Das zweite Taxi in der Reihe war besetzt. Wie ärgerlich, denn der Fahrer sah süß aus, klein, aber fein, und der Fahrgast erst, aber er konnte sich ja schließlich schwer dazusetzen: »Hallo ihr Süßen, lasst uns was rumfahren und dann sehen wir schon!« Das war selbst für Freiburg zu viel. Also nahm er den Wagen direkt davor, stieg ein und musterte den Fahrer.

Auch nicht schlecht, ein dunkelhäutiger Typ, blutjung, er sah aus wie gerade mal sechzehn. Chris flötete: »Eigentlich möchte ich in einen Laden in der« – er kramte nach dem Zettel – »in der Wilhelmstraße, muss nur ein Katzensprung sein von hier. Aber vielleicht können Sie ja einen Umweg nehmen und mir ein bisschen die Stadt zeigen, dann haben Sie auch was davon.«

»Entschulde bitte.«

Chris stockte. »Äh, eine kleine Rundfahrt.«

»Entschulde bitte.« Der Fahrer verstand offensichtlich kein Wort. Chris buchstabierte: »Wilhelmstraße. Aber vorher ein bisschen durch die Stadt.« Er malte mit dem Finger einen Kreis in die Luft. Der Fahrer schien zu verstehen.

»Ah – Sie wolle sightseeing, ja?«

»Genau«, sagte Chris und lehnte sich zurück. Geht doch. Und jetzt zeig mal, was du kannst.

So wirklich viel war das nicht. Der junge Türke oder Araber, wie Chris meinte, würgte erst mal den Wagen ab. Ließ ihn wieder an, der Wagen machte einen Satz und war wieder aus.

Kupplung vielleicht?, dachte Chris und nahm seine frisch manikürte Hand vor den Mund, um nicht lauthals loszulachen. Bis zur ersten Ampel starb das Auto mindestens noch weitere drei Mal ab und dann ging's. Mit immer wieder laut aufheulendem Motor, viel Gehoppel und fünfundzwanzig Stundenkilometer Spitzengeschwindigkeit durch die City. Na fein, dachte Chris, wir sind die absolute Attraktion.

Was man von der Stadt nicht behaupten konnte. Eine Straße, Autos und ein Haufen Neubauten. Und ein Taxifahrer, der sich schwitzend am Lenkrad festklammerte und panisch nach vorne starrte. Wenn ich jetzt was frage, dachte Chris, bringt er uns um.

Mitten auf einer großen Kreuzung blieb das Auto wieder stehen und der Junge bekam den Motor auch nicht mehr an. Also, wenn er sich im Bett genauso anstellte, was für ein schräger Film. Der Fahrer sagte: »Entschulde bitte. Wo?«

»Woher soll ich das wissen?« Chris beschloss ihn zu erlösen. »Wilhelmstraße.«

»Entschulde bitte.« Sein Chauffeur griff nach dem Stadtplan, verzweifelte an der Faltung und hielt ihn schließlich verkehrt rum.

Chris entschied, dass Gehen jetzt doch entspannender wäre, und sah sich um. Ein Fluss, eine Straße und 'ne Menge wild gestikulierender und hupender Autofahrer. Schöne Scheiße.

Direkt hinter ihnen aber stand ein anderes Taxi.

Wahrscheinlich der Bruder von meinem Chauffeur, dachte Chris, der kann genauso wenig fahren. Was soll's. Er reichte dem Jungen 20,00 Mark, stieg aus und ging langsam auf das Taxi zu.

»Taking the cab in a small town«. So langsam nahm der Song Gestalt an … Ich konnte es überhaupt noch nicht fassen. Einen Satz hatte ich nur gesagt, vier Worte, und alles geriet aus den Fugen, die Geschichte nahm einen völlig unvorhergesehenen Verlauf.

Ich erinnerte mich daran, wie ich von Zeit zu Zeit Listen erstellte. Listen mit legendären Aussprüchen, mit magischen Sätzen. »Pack deine Sachen und geh!« war so ein Satz, oder auch: »Geben Sie mir den Präsidenten.« Ein Traum, so etwas mal über die Lippen zu bringen. »Wollen Sie die Vase als Geschenk verpackt, junger Mann?« – »Geben Sie mir den Präsidenten.«

Des Weiteren natürlich: »In kleinen, nicht nummerierten Scheinen, bitte.«

Und selbstverständlich: »Gib mir Feuerschutz, Baby!« In dieser Reihenfolge.

Eigentlich kritzelte ich nur Filmzitate in diese Listen, von Leinwandhelden geliehene Sätze, die in der Realität nichts zu suchen hatten. Aber träumen wird doch noch erlaubt sein: »Tut mir Leid, mein Herr, aber ich darf Ihren Dispokredit nicht erhöhen.« – »Können Sie auf 9 mm herausgeben?« – »Wir müssen Sie bitten auszutrinken, wir schließen gleich.« – »Geh aus dem Weg, Arschloch, ich bin ein Fisch!«

Was man halt so aufschreibt, wenn einem langweilig ist. Geborgte Abenteuer. Je grauer die Wirklichkeit, desto schillernder die Möglichkeiten. Ein Leben in Listen. Noch nie hatte ich mich getraut auch nur einen dieser Sätze auszusprechen. Noch nicht mal aus Spaß. Leben ist Leben und Film ist Film – Paarung ausgeschlossen. Und jetzt war es passiert, dabei stand »Folgen Sie diesem Wagen!« noch nicht mal auf der Liste. Wer hätte das gedacht? Die Traumfabrik fing wirklich an zu arbeiten. Mein Gott, 50,00 Mark Taxe und ein Satz; das Abenteuer in der Kleinstadt war billig zu haben.

Mein Chauffeur fuhr an und nahm die Verfolgung auf. Sein Gesicht zeigte nicht die kleinste Regung. Als ob ihm so etwas täglich passierte. Und natürlich schwieg er weiterhin. Um überhaupt etwas zu sagen, meinte ich: »Bleiben Sie dicht dran, Mann, aber unauffällig, damit sie uns nicht bemerken.«

Das Dranbleiben war kein Problem, was man von *unauffällig* nicht behaupten konnte. Das Taxi vor uns stand mehr, als dass es fuhr. Ständig würgte der Fahrer den Wagen ab. Das durfte doch alles nicht wahr sein, bis eben hatte ich noch alles im Griff. Das war doch meine Stadt, verdammt, mein Leben, alles im grünen Bereich. Und jetzt zuckelte ich im Schneckentempo hinter einem Taxi her, in dessen Innerem Armin Müller-Stahl die schönste Frau der Welt die Schnewlinstraße entlangkutschierte.

Auf der Kronenbrücke blieb das andere Taxi stehen. Völlig unmotiviert. Fuhr nicht rechts ran, kein Warnblinker, nichts. Es stand einfach da, mitten auf der befahrensten Kreuzung Freiburgs. Und wir standen direkt dahinter. Minutenlang. Meinen Fahrer schien das nicht im Geringsten zu beunruhigen, das Hupkonzert um uns herum prallte einfach an ihm ab. Er saß einfach nur da und drehte sich eine Zigarette.

»Kippe?«, fragte er.

Mir brach der Schweiß aus. Ich starrte immer noch auf das Taxi vor uns, konnte aber nichts erkennen, es war mittlerweile dunkel geworden. In der Ferne heulte eine Polizeisirene auf. Die hat ihn umgelegt, dachte ich. Von so was hörte man doch immer wieder. Die Frau hat den anderen Taxifahrer einfach abgeknallt.

Mein Chauffeur sagte nichts.

»Das ist doch alles nicht wahr«, stammelte ich.

In diesem Augenblick stieg die Frau im Pelz aus dem Fond des anderen Taxis und kam auf uns zu.

»Weg jetzt«, brüllte ich, »hauen Sie ab!«

Das Martinshorn wurde lauter. Der Taxler zündete sich die Zigarette an.

Ach nee, dachte Chris, das war genau der Wagen von vorhin am Bahnhof, mit dem schnuckeligen Fahrgast. Na ja, mehr als zwei Taxis gab es hier wohl nicht. Chris öffnete die Tür.

»Hey ihr zwei Süßen, was dagegen, wenn ich die Droschke wechsle?«

Die beiden sagten keinen Ton.

»Hallo«, sagte Chris, »was ist los? Ist das in dieser Stadt so üblich, auf Kreuzungen rumzustehen?« Die hatten doch alle einen Hau hier. Von hinten flackerte ein Blaulicht auf. »Jungens – ist das hier ein Taubstummen-Ausflug? Ich lege keinen gesteigerten Wert darauf, den Bullen zu erklären, was hier los ist. Gebt ma' Stoff jetzt.«

Der Fahrer ließ den Wagen an und Chris entspannte sich.

»Wohin soll die Reise denn gehen?«

»Bitte, bitte tun Sie mir nichts«, stotterte das Schnuckelchen, »ich wollte doch nur ... Ich kann das alles erklären.«

Was ging denn hier ab? Chris fing an zu grinsen, der Ausflug hatte sich wirklich gelohnt. Eigentlich wollte er nur ein relaxtes Wochenende mit einem Historiker, aber Jürgen konnte warten, diese Geschichte war eindeutig besser. Er flößte den Leuten hier tatsächlich Angst ein. Oder Respekt. Das glaubt mir keiner zu Hause, dachte er, ich sitze mit einem wehrlosen Zuckerbaby im Taxi und gurke ziellos durch die Provinz. Was für eine abgefahrene Story.

Der Typ schien sich mittlerweile wieder gefangen zu haben. »Verzeihung«, sagte er, »Sie haben nicht zufällig die Adresse von Winona Ryder?«

Chris prustete los. »Was soll'n das hier werden? Versteckte Kamera? Oder 'ne Performance der studentischen Laienspielschar? *Night on Earth* für Anfänger?« Chris lachte schallend. »Bitte, meinetwegen. Armin Müller-Stahl hatte ich vorher schon. Und was kommt jetzt?«

Der Typ neben ihm wurde leichenblass.

»Was ist los, Kleiner?« Chris deutete nach vorn. »Hat er dir erzählt, dass er es mit Schafen treibt, und du hast einen Herzinfarkt gekriegt?« Das Spiel gefiel ihm. Er versuchte sich krampfhaft an den Film zu erinnern. Was war da noch? Rom? L.A.? New York? Helsinki, richtig. »Genau«, rief Chris aus, »wir fahren jetzt irgendwo im Kreis und jeder erzählt die traurigste Geschichte, die ihm einfällt.«

»Ich fahre, seit ich denken kann, immer nur im Kreis«, sagte plötzlich der Taxifahrer.

»Sei kein Spielverderber!« Chris war voll in seinem Element. »Es kann ja auch eine schöne Geschichte sein. Was ist mit dir?« Er wandte sich an den seltsamen Fahrgast. »Was war das Aufregendste, was du in deinem Leben je erlebt hast?«

»Ich kapier das nicht«, sagte der, »ich habe doch nur einen einzigen Satz gesagt, ich hätte nie gedacht ... Das Aufregendste, ich meine, mein ganzes Leben lang habe ich ... Das Aufregendste ist jetzt. Hier.«

Gott, wie süß. Chris wurde fast zärtlich: »Geht mir genauso, Baby. Und du?« Er tippte dem Fahrer auf die Schulter. »Jetzt du. Erzähl uns was. Fahr uns durch die Nacht und rede. Taxifahrer haben doch immer was zu erzählen. Aber eine schöne Geschichte muss es sein. Eine Liebesgeschichte. Von mir aus auch eine traurige.«

Der Chauffeur schwieg.

»Nicht kneifen jetzt«, sagte Chris, »komm schon. Warste schon mal unglücklich verliebt?«

Das Taxi stoppte abrupt. Chris erkannte den Bahnhof. Back where we started. Chris nahm einen zweiten Anlauf: »Wen würdest du mit auf die einsame Insel nehmen?«

Der Fahrer seufzte kurz und drehte sich zu ihnen um.

Ich hielt den Atem an. Irgendwie war meine Angst verflogen. Das war eindeutig ein Film. Scheißegal, wie er ausging, irgendwann würde der Abspann kommen, man ging aus dem Kino, holte Luft und alles war wieder, wie es war.

Der Taxifahrer blickte uns lange an. Erst die Frau im Pelz, dann mich. Ob er sie mit meinen Augen sah oder mit seinen? Ich hatte auf einmal das seltsame Gefühl, einen Film zu sehen und gleichzeitig mitzuspielen. Die Frau war so schön. Als Zuschauer fand ich sie unglaublich begehrenswert. Ich beneidete den Fahrer, ich hasste ihn dafür, dass sie ausgerechnet in seinem Taxi saß, dass er mit ihr reden durfte und nicht ich. Als Teilnehmerin dieser Szene aber, in der ich in ihrer unmittelbaren Nähe war, verblasste sie. Mein Augenmerk richtete sich nur auf den Fahrer; ich wollte wissen, was er zu sagen hatte.

Der Taxifahrer begann zu erzählen: »Sie ist ertrunken. Eines Tages war sie einfach weg. Das war das Schlimmste, versteht ihr, diese Leere. Solange sie da war, hatte ich meinen Platz. Nicht an ihrer Seite, aber in ihrer Nähe. In ihrer Gegenwart, wenn sie lachte oder einfach nur vor sich hin träumte, spürte ich so etwas wie Sinn in meinem Leben. Wenn ich ihr nur hätte helfen können. Mein Gott, wir waren doch noch Kinder. Es war in Salem. Am Bodensee. In diesem schicken Internat. Mein Vater wollte etwas Besonderes aus mir machen. Die beste Schule, die besten Lehrer, die ganze Scheiße, Mann, versteht ihr. Jedes zweite Wochenende kam mein Vater zu Besuch und wir gingen segeln. Er redete dann von der Zukunft. Sicher, ich habe ihn bewundert, aber eigentlich war mir schon damals alles egal. Dieses Getue. Aber SIE war auch dort. Mit ihr, neben ihr, war alles so leicht, so einfach. Das Leben stimmte einfach. Verdammt, in ihrer Nähe fühlte ich mich zu Hause, versteht ihr. Und dann wollte sie von einem dieser Kneipenabende zurück ins Internat. Es regnete und stürmte wie nur was. Scheiße, Mann, sie hätte ein Taxi nehmen können, aber nein, zu Fuß, am See entlang. Ich weiß nicht, wie lang ich das Ufer absuchte. Wochen? Monate? Ohne SIE ist mir alles entglitten. Mein Vater nahm mich von der Schule. Steckte mich in eine andere. Und wieder in eine andere. Irgendwann landete ich hier. Seitdem fahre ich. Ich passe auf, dass nichts passiert, versteht ihr. Seit Jahren fahre ich und höre mir die Geschichten von Menschen an und passe auf, dass ihnen nichts passiert. Ich will ihnen was sagen, Lady, die ganze Welt ist eine einsame Insel, außer dieses Taxi hier, und ich nehme jeden mit, der es will.«

Ich spürte, wie die Frau meine Hand nahm und sie zärtlich und fest drückte. Sie sagte: »Und wen würdest du mit in die *Welt* nehmen? Mr. Cabdriver?«

Zum ersten Mal lächelte der Taxifahrer. »Sie sind hartnäckig, Lady, was? O.K., wenn es diese sagenhafte Insel wirklich gäbe, mit Strand und Palmen und dem ganzen Quatsch, dann würde ich die Synchronstimme von Robert De Niro mitnehmen. Und die müsste mir immer denselben Satz vorsprechen. Versteht ihr? Diese Passage aus *Taxi driver*. Robert De Niro müsste mir in die Augen schauen, wie in seinen Spiegel, und seine Stimme sagt: Hey. Hey du – du laberst mich an? Immer wieder, versteht ihr? Hey. Hey du – du laberst mich an? Immer wieder, so lange, bis ich's endlich kapier. Und dann macht es auf einmal klick und ein Schiff kommt und holt mich ab. Robert muss auf der Insel bleiben. »Die Welt ist nicht groß genug für zwei von uns«, sage ich zu ihm und gehe an Bord. Ein Superkahn ist das natürlich, ein titanicmäßiger Luxusdampfer, versteht ihr. Am Bug rufe ich aus: Hör auf zu heulen, fette Kuh!, und schubse Kate Winslet über die Reling. Das hier ist nicht dein Platz, sondern IHRER! Anschließend gehe ich in die Kajüte und höre den Seewetterbericht ab. Das habe ich geliebt, als Kind, wenn wir segeln waren auf dem Bodensee. Ich habe immer den Seewetterbericht abgehört und konnte so meinen Vater vor Stürmen und Riffen warnen. Auch heute wird ein Sturm aufkommen, aber nicht gleich. Man sieht erst die Vorboten, ich kenn mich aus mit Unwetter. Die Titanic geht vor Anker und ich renne über den Steg zu dem kleinen Kiosk. Dort kaufe ich mir ein Eis. Zwei Kugeln Vanille, eine mit Schokolade, ihr Lieblingseis. Und dann setze ich mich ans Ufer und warte auf den Regen. Ich sehe den Schwänen zu. Schöne, vollkommene, melancholische Tiere, aber sie können mir nichts anhaben mit ihrer Traurigkeit, weil ich weiß, dass ich mein Leben wieder in den Griff bekomme. Haut bloß ab, blöde Schwäne, sage ich, von meinem Eis kriegt ihr nichts! Und dann schlägt der Sturm los. Ich renne zur Straße, wo ein Taxi wartet. Mein Taxi. Ich setze mich nach hinten. Man muss immer hinten sitzen im Taxi, versteht ihr. Den Fahrer sehe ich noch nicht mal an. Wozu auch? Und wie ich so sitze, merke ich, wie einfach alles wird. Ich fange an zu vergessen und erinnere mich plötzlich wieder. Nach Hause, sage ich zu meinem Fahrer, ich will einfach nach Hause. Und das Beste ist: Er kennt den Weg und fährt schweigend los.«

Die Finger der Frau glitten ganz sanft über die Innenseite meiner Hand.

»Mach, dass das nicht aufhört«, sagte sie, »nie wieder.«

Das geht nicht, dachte ich. Gleich kommt der Abspann, *Night on Earth* ist vorbei und der Tag bricht an. Gleich fällt ein Satz, der ins Leben gehört und nicht in den Film. Und dann noch ein Satz, viele Sätze.

»Eine Episode fehlt doch noch«, sagte die Frau.

Aber welche? Es waren fünf cabstorys. New York, L.A., Rom, Helsinki. Natürlich – Paris. Die Geschichte mit der Blinden und dem ausländischen Taxifahrer.

Es klopfte an der Scheibe. Ein junger Türke lachte übers ganze Gesicht und sagte: »Entschulde bitte. Wollen Sie eine Quittung?«

Michael Reitz
Der Headhunter

Montagmorgen, der Pfingstkongress war zu Ende. Ich saß im Frühstücksraum des Hotels Intercontinental in der Kölner Innenstadt und überlegte seit zehn Minuten, ob ich meinem Magen den Kaffee zumuten sollte, der vor mir dampfte.

Die Nacht war eine einzige Huldigung an den Alkohol gewesen, nach dem letzten Vortrag enterten die Organisatoren und Referenten der Tagung »Heiliger Geist – Wer ist das eigentlich?« mit mir, ihrem Pressereferenten, ein nahe gelegenes Brauhaus, schütteten mit ungeheurer Rasanz und Zielstrebigkeit obergäriges Bier in sich hinein und waren alsbald von dem beseelt, der ihrer Veranstaltung den Namen gegeben hatte. Angefeuert von den ebenfalls reichlich beschickerten Kellnern, die man in der Rheinmetropole Köbes nennt, näherten sich Geisteshaltung und Artikulationskraft meiner Auftraggeber alsbald dem Status unglückseliger Lobotomie-Opfer.

Jenkins, Erzbischof von New York, der wenige Stunden vorher in einem zündenden, mit geradezu alttestamentarischer Verve vorgetragenen Referat gegen das Böse in uns gewettert hatte, war ebenso alttestamentarisch geworden, als die Stunde der Wahrheit in Gestalt der Sperrstunde nahte. Er beschimpfte die Köbesse als gottlose Kleingeister, die nichts anderes im Sinn hätten als alleine weiterzusaufen, zog einen Flachmann aus seinem Jackett und reichte ihn herum. Jetzt, als ich am Frühstückstisch saß, fiel mir ein, dass Jenkins seine Tiraden nicht auf Englisch losgelassen hatte, sondern verblüffenderweise in dem Dialekt der Kölner, von dem kundige Linguisten behaupten, er sei eine eigene Sprache. Ihn zu verstehen war mir nicht schwer gefallen, da Köln meine Heimatstadt ist.

Nachdem der exemplarisch nüchterne Besitzer des Lokals

mit der Einschaltung der Polizei gedroht hatte, verließen wir laut grölend den Biertempel, um uns danach in einem Winkel herumzutreiben, den die Kölner Nachtjackenviertel nennen: die Gegend zwischen Friesenplatz und Dom, gespickt mit Puffs, Bars und Restaurants, die bis um sechs in der Früh geöffnet sind.

Ich konnte mich nur noch daran erinnern, dass wir eine Spelunke heimgesucht hatten, die verruchter nicht sein konnte und in der sich die theologische Elite unseres Planeten so heimisch zu fühlen schien, als säßen sie tatsächlich in dem von ihnen so oft zitierten abrahamitischen Schoß. Ballestrini, Professor für angewandte Theologie und Grenzwissenschaften in Mailand, begrapschte eine dralle Blondine, lallte von den sexuellen Ruhmestaten seiner Studentenzeit und prahlte mit den unglaublichen Ausmaßen seines Gemächtes. Jenkins tobte immer noch und immer noch im Dialekt, zwei Mitglieder des Zentralkomitees der Katholiken waren unter einem Tisch eingeschlafen, beständig und unisono *Mea culpa, mea maxima culpa* murmelnd. Der Präsident des World Jewish Congress war nicht zu bewegen die sicheren Gefilde der Toilettenräumlichkeiten zu verlassen, da sein Verdauungstrakt den umgekehrten Weg zu beschreiten beschlossen hatte. Er gab die olympischen Mengen des Obergärigen mit der gleichen hohen Schlagzahl wieder von sich, wie sie ihm wie von Teufelshand zugeführt worden waren.

Die alkoholische Rage, in die wir uns gegenseitig gebracht hatten, ließ nur noch den Schluss zu, dass Aristoteles sich geirrt haben musste in seiner Behauptung, der Mensch sei ein vernunftbegabtes Wesen. Wir boten ein Bild des Elends und des Schreckens zugleich, doch wie jeder Alkoholisierte glaubten auch wir, die körperlichen und geistigen Erfordernisse des nächsten Tages mit gewohnter Bravour meistern zu können.

Weder von Bravour noch von Meisterschaft konnte nun die Rede sein, morgens um zehn in Deutschland. Mir brummte der Schädel. Vor meinem geistigen Auge erschien die Schlagzeile in der *Bild-Zeitung* »Für eine Handvoll Aspirin: Pressereferent überfällt Pharmavertreter des Bayer-Konzerns«. In meinem Bauch schien jemand Zigarren Kette zu rauchen, wegen des Kneipenmiefs und der ständigen Brüllerei ob des hohen Geräuschpegels gestern Nacht hätte Tom Waits' Stimme neben der meinen wie das zarte Liebesgezirpe einer Amsel geklungen. Knapp vier Stunden Schlaf vervollständigten das Bild eines verabscheuungswürdigen und asozialen Elements der Gesellschaft. Das Personal des Hotels hielt viel von mir, nämlich Abstand. Meine Fahne musste enorm sein, denn sofort nachdem ich Platz nahm, verstummten die Gespräche um mich herum, als sei ich splitterfasernackt und mit einer Feder am Hintern aufgelaufen.

Um zwölf ging meine Maschine nach München; wie ich den Flug in meine Wahlheimat überleben sollte, war mir schleierhaft. Selbst der große Scheck in meiner Brusttasche, ausgestellt vom Zahlmeister des Kongresses, konnte meinen beklagenswerten Zustand nicht verbessern. Hinzu kam die Aussicht auf einen permanent plappernden Taxifahrer, in dieser Stadt eine biblische Plage, wie ich mich erinnerte. Und die Strecke von der Innenstadt bis zum Kölner Flughafen ist lang.

Es half nichts. Ich ließ den Kaffee stehen, schälte mich wie ein Achtzigjähriger aus meinem Stuhl, nahm meine Tasche und ging zum Vorplatz des Hotels. Unter meiner Schädeldecke, dort, wo die Buddhisten das dritte Auge vermuten, spielte eine afrikanische Trommelband auf, begleitet von karibischen Bongos, die es sich im hinteren Teil des Organs, mit dem ich mein Geld verdiene, gemütlich gemacht hatten. Hinzu kam eine Bullenhitze, ungewöhnlich für diese Jahreszeit. Ich verfluchte diesen Pfingstmontag.

Nur ein einziges Taxi stand bereit, meine Mitstreiter des gestrigen Saufwettbewerbs hatten den Ort ihres dionysischen Wirkens offenbar schon verlassen. Ich setzte mich wortlos auf die Rückbank, hoffend einen Karmeliter als Fahrer zu haben.

»Na los«, krächzte ich, »warum fahren Sie nicht?« Er drehte sich zu mir um und lachte mich mit einem unverschämt gesunden, frischen Gesicht an.

»Weil Sie noch nicht gesagt haben, wo Sie hinwollen.«

»Flughafen.«

»Welcher? Düsseldorf oder Köln, oder gar Frankfurt?«

»Nein, Stuttgart natürlich!«, brüllte ich und sofort legte die Trommelband noch eins drauf.

»Also Köln. Auch gut. Nicht mal ich kann alles wissen.« Seine Frohnatur nicht verlierend beäugte er mich noch einmal im Rückspiegel und fuhr los.

Auf der Nord-Süd-Fahrt war, knapp zwei Minuten vom Hotel entfernt, ein Stau.

»Stau«, sagte der Fahrer.

»Stau«, sagte ich. Wir waren noch nicht einmal auf der Autobahn und schon geschah der für diesen Tag reichlich unwahrscheinliche Fall eines Staus mitten in der Stadt. Die unmittelbar neben dieser Schnellstraße liegende evangelische Antoniterkirche erschien mir wie ein zusätzliches Menetekel der vergangenen Nacht: *Metanoieté*, tut Buße.

»Aber die Protestanten beichten nicht«, sagte der Taxer.

»Ich weiß«, antwortete ich träge. Zufällig hatte er wohl geahnt, an was ich gerade dachte. Solche Sachen gibt's, man spricht hier von Synchronizitäten.

»Wissen Sie«, sprach er in die zunehmende Hitze dieses Blechhaufens, »wenn Synchronizitäten auftreten, ist das immer ein Zeichen dafür, dass man offen ist für die Wunder des Alltags.«

Ich war verloren. Ein Quatschkopf, ein Wortinkontinenzler, ein Klugscheißer saß vor mir und steuerte mich dem Untergang entgegen. Nutzte einen Zufall schamlos aus, blätterte in seinem höchstwahrscheinlich äußerst beschränkten Fremdwörterarsenal und schwafelte drauflos. Der Klassiker: Man will und muss seine Ruhe haben, aber einer ist da, der dich fertig machen will. Es gab kein Entrinnen, nicht aus diesem vermaledeiten Mercedes, nicht aus diesem Stau, nicht aus meiner Haut. Ich beschloss mich zu ergeben. Irgendwann würde auch das zu Ende gehen.

»Gut«, sagte ich, »um die ohne Zweifel zahlreichen Fragen, die ihr neugieriger Berufsstand für solche Fälle bereithält, im Vorhinein zu beantworten: Ich bin in Köln geboren und aufgewachsen, habe hier Philosophie, Alte Sprachen und Kunstgeschichte studiert, bin dann nach München gezogen, um mich dort zum Journalisten ausbilden zu lassen. Ich bin spezialisiert auf die Themen Spiritualität, Konstruktion von Wirklichkeiten und interreligiöse Aktivitäten. Die letzten Tage war ich hier, um die Pressearbeit für den Kongress zu machen, der über Pfingsten im Hotel Intercontinental stattgefunden hat. Ich habe drei Bücher geschrieben, zwei Fernsehfilme gedreht, Dutzende von Radiobeiträgen gemacht, bin unverheiratet, dreiundvierzig Jahre alt und zahle keine Kirchensteuer. Zufrieden?«

Er drehte sich nicht um, denn nun ging es wieder ein paar Meter voran, wenn auch schleppend. Ganz im Gegensatz zu der Jamsession in meinem Kopf, die ging ab wie Schmitz' Katze.

»Pressereferent. Das sind doch diejenigen, die ein Unternehmen oder ein Ereignis nach außen hin darstellen, seine Produkte und Ideen in die Presse bringen und damit, wie man so schön sagt, an die Öffentlichkeit?«

»Richtig, sie sind es, die alles wissen müssen über ihre Mandanten, wie Bodyguards, wenn Sie so wollen. Vor allem dürfen sie nicht an dem Unternehmen zweifeln, sie müssen noch mehr zu ihm stehen als dieses zu sich selbst.«

»Mich deucht, das ist ein trefflich Unterfangen, fürderhin geeignet für Faktoreien und Operationes, die kniffig zu sein scheinen, sintemalen die Disputationes der Allgemeinheit ein scharfes Schwert zu führen in der Lage sind. Nicht ohne Reiz, das.«

Wahrscheinlich, dachte ich, hatte auch er einmal studiert, im Unterschied zu mir in die Arbeitslosigkeit hinein, und versuchte sich mir jetzt mit dieser albernen Sprache intellektuell zu nähern. Diese Damit-du-nicht-glaubst-ich-sei-ein-kleiner-Idiot-Tour kannte ich schon, nicht zuletzt von mir selber.

»Entschuldigung«, unterbrach er meine Gedanken, »aber manchmal werfe ich die Ausdrucksweisen und die Zeiten durcheinander, bin außerdem etwas überarbeitet. Der Pressesprecher *unseres* Unternehmens ist nämlich eine ziemliche Pfeife, so dass ich seine Arbeit zum größten Teil mitmachen muss.«

»Sagen Sie, wollen Sie mich veräppeln? Ein Taxiunternehmen mit einem Presseheini, der 5000 bis 10 000 Euro im Monat kostet?«

Wir waren ein Stück vorwärts gekommen, die Severinsbrücke und damit die Flughafenautobahn und damit das baldige Ende meiner Pein waren in greifbare Nähe gerückt. Bald schon würde das Leben wieder einen Sinn haben, freundliche Stewardessen in hübschen Kostümen würden mich mit Kopfschmerztabletten versorgen und ich konnte in den Zeitungen die ersten Berichte von Journalisten lesen, die ich auf den Kongress gezerrt hatte.

»Auf der Autobahn ist ebenfalls Stau«, grinste er, »außerdem spielt die Zeit eigentlich keine Rolle. Wie Sie wissen, ist sie relativ, wenn man's richtig anstellt. Sie werden Ihren Flieger noch bekommen, keine Sorge.

Zu Ihrer Frage: Ich mache diesen Scheißjob nur nebenbei, wenn Bedarf ist, gewissermaßen. Unsere Firma verkauft etwas ganz Anderes, obwohl ich persönlich da nicht von verkaufen, sondern anbieten reden würde. Meine beiden Partner sind da zwar anderer Meinung, aber ich sehe das so.«

»Was bieten Sie denn an?« Trotz Vollorchestrierung in der Konzerthalle meines Kopfes regte sich augenblicklich der berufsbedingte Jagdinstinkt in mir. Wenn sie vorhatten ihren Pressefritzen zu feuern, konnte ich vielleicht etwas abstauben, seine Stelle einnehmen. Schließlich muss jeder sehen, wo er bleibt. Daher schleunigst umschwenken auf verständnisvolles Interesse, lächeln, selbst den blödesten Witz mit donnerndem Gewieher quittieren, wasmachtdiefrauwiegehtsdenkindern/ist derhundgesund/scheiße/schade/super/dasseffenbergdenelfmeterverschossen/manhatdiekleinedavornebrüste – gelernt ist nun mal gelernt.

»Wir bieten Dienstleistungen im spirituellen Bereich an.«

»Das ist ja ein Ding! Und seit wann existiert Ihre Firma?«

»Wenn ich Ihnen das sagen würde, würden Sie es sowieso nicht glauben. Jedenfalls schon sehr lange, es gibt nur zwei Unternehmen in der Branche, die so alt sind wie wir, genauer gesagt noch älter. Aber wir kommen gut miteinander aus, keine Konkurrenz. Wir müssen auch zusammenarbeiten, die Herausforderungen der nächsten Jahrzehnte sind enorm.«

»Ach, Sie betreiben auch Marktforschung?« Ich überprüfte meinen Gesichtsausdruck im Rückspiegel. Nein, interessierter als ich konnte kein Mensch aussehen. Ich war auf der Pirsch.

»Wir *sind* die Marktforschung«, lachte er, »wir wissen fast alles, aber das glaubt uns keiner. Wir können es nicht vermitteln. Bei Herrn Gabriel, unserem Pressereferenten, ist die Luft raus.«

Wir kamen auf die Autobahn und er behielt Recht. Eine Aluminiumlawine über die Rheinbrücke, aber das war mir jetzt schnuppe. Jetzt ging's darum, den Wissenden rauszukehren, den Mann von Welt, immer bereit zu einem Bonmot, der James Bond des Pressewesens. Also, zieh vom Leder, Junge.

»Ich finde es sinnig, dass Ihr Mann für die Öffentlichkeitsarbeit ausgerechnet Gabriel heißt, wie der Erzengel. Er war's doch, der die Worte Gottes, Jehovas oder Allahs den entsprechenden Leutchen ins Ohr flüstert, damit sie sie in Umlauf bringen. Dem Evangelisten Johannes, Mohammed, Moses. Nach der christlichen Überlieferung ist er so etwas wie die rechte Hand des Heiligen Geistes, der wiederum ist sein Boss. An Pfingsten zum ersten Mal in Erscheinung getreten, um die arbeitsunwilligen Apostel auf Vordermann zu bringen.«

Wehmütig starrte der Fahrer vor sich hin. »Ja, das waren noch Zeiten. *Ber reshit kara elohim, we he shaleim, we he eres* – Im Anfang schuf Gott die Himmel und die Erde. Auch nicht schlecht war ›We hold these truths for self-evident, that all men are created equal‹. Ja, da hatte er noch Mark in den Knochen und eigene Ideen, der Herr Gabriel. Sie sagen es: Er *war* doch derjenige.«

Sein Hebräisch wie auch sein Englisch klangen vollkommen akzentfrei, er hätte ohne weiteres in beiden Sprachen als *native speaker* durchgehen können. Wohl doch ein Studierter.

»Wissen Sie«, sagte er und holte tief Luft, »das war alles gute Arbeit. Damals. Nehmen wir zum Beispiel die Synchronizitäten, von denen wir eben gesprochen haben. Hätte Gabriel die beiden bedeutendsten Forscher auf diesem Gebiet, Carl Gustav Jung und Wolfgang Pauli, Nobelpreisträger für Physik, nicht zusammengebracht, wären diese Erkenntnisse in der Versenkung verschwunden, isoliert geblieben. Man redet über einen abwesenden Menschen und plötzlich steht er in der Tür, man denkt an seinen alten Chemielehrer, schlägt die Zeitung auf und findet als Erstes dessen Todesanzeige – ohne die beiden würde man noch heute von bloßen Zufällen reden statt diese Phänomene zu untersuchen.«

Ich verstand den Zusammenhang zwar nicht ganz, war auch noch nicht richtig wach, aber irgendwann würde er wohl schon zur Sache, will sagen zum Finanziellen, kommen.

»Aber genau zur selben Zeit fing er an rapide abzubauen. Wir konnten ihn einfach nicht mehr alleine lassen und ihm nichts mehr überlassen, was seiner Regie unterlag. Obwohl wir ihm nur noch kleine Aufträge gaben, bei denen er nun wirklich nichts mehr falsch machen konnte, passierte der schlimmste Hammer in den zwanziger Jahren. Wir schickten ihn in die Festung Landsberg, um einem inhaftierten Künstler unter die Arme zu greifen, der seine Autobiografie schreiben wollte. Doch was macht dieser Dussel? Verwechselt die Zellen und sorgt dafür, dass ein selten dämlicher Österreicher mit einer ganzen Schwarte schlechten Deutschs groß rauskommt. Der verpasst der ganzen Suada auch noch einen katastrophalen Titel: ›Mein Kampf‹. Ich kann Ihnen flüstern, unsere Konkurrenz im eigenen Hause hat sich schiefgelacht. Aber was sollten wir machen, wir hatten keinen anderen. Ich war ständig unterwegs, Senior- und Juniorchef mit neuen Absatzmärkten in Afrika und Asien beschäftigt, wir mussten ihn erst mal gewähren lassen.«

War das Größenwahn oder die Hitze? Machte er sich einen Jux mit mir oder schmiss er sein eigenes Unternehmen mit dem der Dreifaltigkeit durcheinander? Trotzdem beschloss ich ihm weiter zuzuhören, die Fahrt ging ja doch nicht voran.

»Seit 1945 sind ihm keine großen Theorien mehr eingefallen, das Ende der großen Entwürfe, heißt es ja allenthalben. Die Welt fing an sich über uns lustig zu machen. Ein Glück, dass ich zwischendurch mal Zeit hatte und Michel Foucault das Rauschen des Diskurses nahe bringen konnte oder Rupert Sheldrake die morphogenetischen Felder. Oder meinetwegen auch Weizsäcker seine Rede zum achten Mai. Aber im Großen und Ganzen wurde es immer schlimmer, es war zum Heulen! Schickt der doch den Präsidenten der USA nach Dallas, lässt ihn sich dort um Kopf und Kragen reden, bis mehrere Schüsse in Kopf und Kragen landen.«

Apostelgeschichte, zweites Kapitel, Vers eins bis dreizehn. Ballestrini hatte in seinem Referat am Samstag noch davon gesprochen. »Sind das nicht alles Galiläer, die hier reden? Wieso kann sie jeder von uns in seiner Muttersprache hören? Alle gerieten außer sich und waren ratlos. Die einen sagten zueinander: Was hat das zu bedeuten? Andere aber spotteten: Sie sind vom süßen Wein betrunken.« Das geschah am fünfzigsten Tag nach Ostern, *pentekoste hemera* auf Altgriechisch, zu Deutsch Pfingsten. Und das war heute.

»Wir mussten sehr bald erkennen, dass das vergangene Jahrhundert ein klarer Punktsieg für das war, was die Menschen ›das Böse‹ nennen. Auschwitz, der Gulag, die Welthungerkatastrophe, Ex-Jugoslawien, Ruanda – überall war diese vergnügungssüchtige Arschgeige von Luzifer schon früher da und machte seine schaurige Öffentlichkeitsarbeit. Aber in diesem Jahrhundert geht's ums Ganze, wir wollen wieder an die Spitze der Liga und wir wollen gewinnen!«

Das Auto fuhr, doch sein Fahrer steuerte nicht. Er fuchtelte mit den Händen in der Luft, während er redete, drehte sich zu mir um. Er sah jetzt aus wie ein Schwarzafrikaner, krause Haare und wulstige Lippen. Ich wollte schreien, doch gleichzeitig war ich seltsam beruhigt. Etwas stimmte hier nicht und doch stimmte es wieder.

»Die Karre fährt von selbst, keine Angst. Eine meiner leichtesten Übungen, wir sind bald am Flughafen. Leider kann ich Sie nicht bis nach München bringen, das ginge bestimmt schneller als mit dem Flugzeug. Aber ich muss nach Afrika, zu einer Friedenskonferenz. Deshalb hab ich mal flugs mein Äußeres verändert. Termine, Termine!

Um noch einmal auf Mister Gabriel oder Dschebael zurückzukommen. Wir waren gestern Abend ganz in Ihrer Nähe, schließlich wollte ich unseren zukünftigen Pressereferenten mal genauer in Augenschein nehmen, obwohl ich Sie schon seit Jahren aus der Ferne beobachte oder beobachten lasse. Ich musste kurz weg, um dem UN-Generalsekretär bei dem Verfassen eines wichtigen Schriftstücks zu helfen. Sie wissen ja, was in meiner Abwesenheit geschehen ist. Unser intriganter Herr Luzifer, Anführer der Oppositionsfraktion in unserem Hause, verpasst allen Kongressteilnehmern eine Volldröhnung und lässt sich in Gestalt einer vollbusigen Schabracke von Ballestrini befingern. Was übrigens morgen in allen Mailänder Zeitungen samt Foto stehen wird. Chefseidank bin ich noch rechtzeitig zurückgekehrt und konnte Schlimmeres verhindern. Denn Ballestrini hatte schon sein tatsächlich enormes Gestänge ausgepackt.

Lange Rede, kurzer Sinn – wir haben die Schnauze voll, und zwar gestrichen. Auf der Krisensitzung letzte Nacht wurde Gabriel fristlos in den einstweiligen Ruhestand versetzt, beim Briefing heute Morgen war er schon nicht mehr dabei. Wir haben ihm gedankt für seine Verdienste, seine gute Arbeit in der Vergangenheit, ihm eine saftige Abfindung ausgezahlt, mit der er überall auf der Erde eine neue Existenz beginnen kann. Sein bisheriges Leben wird er in dem Moment vergessen haben, wo er ein neues anfängt.

Aber nun zu Ihnen, denn wir sind gleich da!«

Ich unterschrieb den Vertrag noch im Taxi. Man drückte mir eine Probezeit von einem Jahr aufs Auge, aber ich denke, dass ich es schaffen werde, dieses Unternehmen nach außen zu vertreten. Ich hab schon ganz andere Nüsse geknackt.

Nur mit der Anwesenheit der Firmenleitung auf Pressekonferenzen wird es etwas schwierig werden.

Ilija Trojanow
Segnungen eines verunglückten Augenblicks

Die Zeit vergeht nicht.

Wir vergehen.

Hinter einer zerbrochenen Windschutzscheibe, und einzig die Angst, ob nicht ein Lastwagen in den umgekippten Wagen rast.

Noch lebe ich.

Unzählige Hände ziehen mich heraus, Hände, die sich kurz zuvor in rhythmischem Einklang in die Höhe gestreckt hatten, als wollten sie dem Himmel Blüten darbieten. Sie ziehen mich wie ein Neugeborenes heraus, das sich im Mutterleib schräg gelegt hat. Sie betasten mich, ob noch alles an mir dran ist. Sie lassen es nicht zu, dass ich auf dem Asphalt lande. Sie tragen mich mit dem besorgten Stolz der Hebamme zum Straßenrand. Zu dem zerbissenen Bürgersteig.

Was feiern Sie?, frage ich.

Hochzeit.

Ich habe Ihre Feier gestört.

Trinken Sie! Sie müssen etwas trinken.

Ein Mann in aufgeknöpfter Livree drückt mir ein Tablett gegen das zerknüllte Hemd, darauf kleine Plastikbecher mit Wasser. Der Becher zittert, das Wasser platscht auf mein Hemd.

Sie sind nicht verletzt?

Nein, ich glaube nicht.

Trinken Sie.

Sie müssen ruhig bleiben.

Machen Sie sich keine Sorgen.

Meine labberigen Bermudas und käsigen Beine in Gegenwart sariverhüllter Damen, die sich hinter der Fürsorge ihrer Männer verschanzt haben und den feuchten Fleck auf meinem

Bauch bestaunen. Als sei mein Nabel undicht. Plötzlich bin ich vergessen. Ich könnte in ein anderes Auto steigen und wegfahren, ich könnte zu Purohit schlendern und ein Thali bestellen. Die Männer schreien bis drei, hieven den Wagen hoch, lassen ihn auf seine Räder plumpsen. Er sieht aus wie ein Boxer mit eingeprügelter linker Gesichtshälfte.

Wir dürfen uns verabschieden?

Alles in Ordnung jetzt, oder?

Tschalo!

Die Trommler schlagen wieder, die Prozession zieht weiter. Mein Wagen steht quer zum Verkehr, er wirkt überflüssig. Ein ziegenbärtiger Alter wäscht seine Hände an der Luft und flüstert und flüstert, bis ich begreife, dass er zu mir spricht.

... mit dem Verdienstausfall, die Reparatur, bestimmt zwei Tage, ich verdiene nichts, das müssen Sie berücksichtigen ...

Ich muss ein Taxi gerammt haben, bevor ich das Lenkrad umriss und der Jeep zur Seite kippte. Sein Wagen hingegen, einer von jenen Modellen, die nach dem Zweiten Weltkrieg gemäß britischen Konstruktionsplänen von vor dem Ersten Weltkrieg hergestellt wurden, ist nur etwas zerkratzt worden. Eine kleine Ohrfeige. Keinen Pathos wert.

Ein Auto hält neben mir an, ein Handy wird aus dem Fenster gereicht.

Sie wollen bestimmt den Abschleppdienst anrufen, Ihren Mechaniker vielleicht.

Der alte Mann labert derweil weiter.

Ich weiß die Nummer nicht.

Dann werden wir für Sie anrufen.

Der alte Mann wird von einigen Schaulustigen unterbrochen. Obwohl ich den Unfall verschuldet habe, scheinen sie mich als ihren Schutzbefohlenen anzusehen. Sie widersprechen dem Taxifahrer. Der Wagen steht quer zum Verkehr und ich verstehe keinen ihrer Einwände. Am Hemdsärmel zieht mich jemand in ein geflüstertes Vertrauen.

Lassen Sie sich die Rechnung zeigen, bevor Sie ihm etwas zahlen. Bestehen Sie darauf, mit dem Eigentümer zu reden.

Drücken Sie ihm tausend Rupien in die Hand, dann ist alles erledigt.

Der alte Mann begnügt sich mit meiner Visitenkarte. Er fährt weg. So langsam, als würde er nur in den Rückspiegel blicken. Ich setze mich auf die Motorhaube und winke mit meiner ersten Zigarette nach dem Unfall den stotternden Verkehr vorbei. Ich spüre, wie ich ein wenig übermütig werde. Ein Junge mit Transistorradio bleibt neben mir stehen. Indien muss noch sieben Runs erzielen, um das Match zu gewinnen. Als die Stimme des Reporters im Zuschauerwahn untergeht, bittet mich der Junge um hundert Rupien und lacht dann mit mir, so lange, bis der Abschleppwagen neben uns hält. Es ist alles gut gegangen. Ich habe mich nicht einmal entschuldigen müssen.

Unangemeldete werden grundsätzlich nicht zu mir ins Büro vorgelassen. Es bedarf großer Beharrlichkeit, um den Sekretär zu einer Nachfrage bei mir zu bewegen. Der Taxiwallah sei nicht loszuwerden. Er habe mir etwas persönlich zu überreichen. Gnade ihm Gott, wenn die Rechnung getürkt ist. Der alte Mann wagt sich Schritt für Schritt in das Zimmer hinein. Mein Büro neigt dazu, den Mann von der Straße einzuschüchtern. Das Meer wirkt von hier oben wie mein eleganter Vorleger. Einer meiner Vorgänger hat zudem eine Sitar an die Wand befestigen lassen. Sitar und Meer und ein Schreibtisch, auf dem ich die Weltkarte in kleinem Maßstab ausbreiten könnte, wenn es unseren Geschäftsbeziehungen nutzen würde. Ich bitte den Alten, auf den Punkt zu kommen. Leute von unten verstehen nichts von Time-Management. Im schlimmsten Fall denken sie über Zeit gar nicht nach. Anstatt einer Rechnung überreicht er mir eine Schachtel. Eingewickelt mit Empfehlung der Tewari Brothers. Süßigkeiten in verschiedenen Farben. In der Form von Früchten. Voller Nüsse. Ich werde die Schachtel meinem Dienstmädchen schenken. Erst nach einigem Zureden seitens meines

Sekretärs nimmt er ein Glas Wasser an, das er in einem Zug leert. Die Rechnung von der Werkstatt ist fein säuberlich zusammengefaltet und in ein Kuvert gesteckt worden, das er mir zaghaft reicht. Die Rechnung führt jeden einzelnen Reparaturschritt minutiös auf. Der Betrag ist bescheiden. Ich weise den Sekretär an, einen Scheck auszustellen. Wenn der Alte erwartet für den Verdienstausfall kompensiert zu werden, muss er das schon selber ansprechen.

Wirklich ein dummer Unfall, ganz und gar überflüssig.

Meine Frau hat gesagt, es war kein Unglück.

Ja nun, es wurde ja niemand verletzt, nicht wahr. Glück im Unglück, wie wir sagen.

Ein Glück für uns, das hat meine Frau gesagt.

Es hätte schlimmer ausgehen können.

Was durch den Unfall geschehen ist, können wir nicht ungeschehen machen. Aber wir sind auf diese Weise zusammengekommen. Wir hätten Sie gerne bei uns zu Gast. Bitte kommen Sie am Sonntag zum Mittagessen. Bitte. Ich hoffe, Sie essen vegetarisch?

Wie hätte ich Nein sagen sollen?

Ich war in Güte gefangen.

Er hatte angerufen und darauf bestanden, dass er mich abholt, denn ich würde ja sowieso ein Taxi nehmen müssen, das war klar, und wenn schon Taxi, dann dürfe es nur ein einziges Taxi sein: sein Taxi. Bevor ich meine Wohnung verließ, timte ich den Videorecorder. Vegetarisches Essen anstelle eines gemütlichen Nachmittags mit Formel Eins und Knabberzeug. Ich musste lange auf den Lift warten. Asoziale, die den Lift blockieren, während ihre Kinder noch Pipi machen. Das Taxi wartete vor der Einfahrt, wie verabredet. Es bog nach rechts ab und fuhr auf die andere Seite der Brücke. Die Leute hatten mich vor dieser Seite der Stadt gewarnt. Eine moslemische Gegend. Stattdessen stießen wir auf Nutten. Schlechte Schauspielerinnen in Streikstimmung standen vor Hauseingängen, halb der

Straße zugewandt. Dieses Viertel, lautete eine andere Warnung, sei voller illegaler Kneipen, in denen man blind wird.

Es war so eng hinten im Taxi, dass ich mich nach vorne lehnen musste, die Arme abgestützt auf der Lehne neben dem Fahrer. Er missverstand das als freundschaftliche Geste und begann mich jeden zweiten Augenblick anzulächeln. Ich musste ihn anweisen sich auf den Verkehr zu konzentrieren. Auf der Straße wimmelte es vor Menschen. Beim nächsten Rotlicht fragte er mich, ob ich Radio zu hören wünsche. Er habe neue Boxen. Gute Boxen. Ich bejahte, weil ich professionelle Schwätzer vorziehe. Die Nachrichten wurden angekündigt. Der beste indische Bowler sei mit einem Staatspreis ausgezeichnet worden.

Bestimmt wegen des Sieges neulich, sagte ich.

Welcher Sieg, Sahib?

Ja nun, in dem Cricket-Match gegen Australien natürlich.

Aber nein, Sir. Das Spiel hat erst heute angefangen. Sie müssen wissen, ein Match dauert fünf Tage.

Ich weiß sehr wohl, wie lange ein Match dauert, und ich weiß auch, wovon ich rede.

Gewiss, Sahib, Sie meinen ein altes Match, vielleicht gegen Neuseeland?

Es hatte keinen Sinn, sich mit ihm zu streiten.

Wir krochen durch Menschenmassen, die er mit seiner hupenden Hand teilte. Neugierige Blicke schmierten die Fenster zu wie zermatschte Moskitos.

Wohnen Sie in dieser Gegend?, fragte ich.

Aber nein, Sir. Hier leben nicht solche wie ich.

Er lachte.

Wenn ich nur einmal verstehen würde, worüber diese Leute lachen.

Wieso fahren wir dann hier entlang?

Abkürzung. Große Abkürzung.

Wir waren stehen geblieben. Sieben spindeldürre Männer stöhnten hinter einer schweren Last. Sie konnten den Karren nicht lenken, und der Lastwagenfahrer wollte nicht warten, und ein Junge flitzte mit Teegläsern zwischen den Karren und den Lkws hindurch, und drei Matronen entstiegen einem Auto, das in zweiter Reihe hielt, und mein Taxifahrer kämmte sich die Haare, während er mir wieder einmal zulächelte, und im Radio wurde verkündet, dass Sonia Gandhi zur Vorsitzenden der Kongress-Partei gewählt worden sei, was insofern verwunderte, da vorhin noch bekannt gegeben worden war, dass sie ihren Rücktritt erklärt habe.

Es ging weder vor noch zurück.

Sie müssen sich entspannen, Sahib. Ich würde Sie niemals hier irgendwo aussetzen.

Die Masse verwässert den Einzelnen.

Bis seine Augen nicht mehr klar sehen können.

Die Aufdringlichen begannen unsere Scheiben zu bespucken.

Geben Sie ihnen auf gar keinen Fall Geld.

Ein Maulesel, eine Kreuzung von Dürre mit Hunger, leckte den Speichel von der Windschutzscheibe ab. Mein Taxiwallah lachte, wischte sich den Schweiß von der Stirn und sagte: Meine Frau.

Ihre Frau!

Mein Frau hatte Recht. Ich hätte lieber in eine Klimaanlage investieren sollen. Sie sagte: Wer will schon bei diesem Straßenlärm noch den Krach von Bollywood hören?

In diesem Augenblick fiel mir auf, dass mein Hemd schon pitschnass war. Zum vegetarischen Sonntagsbraten geht man nicht mit leichtem T-Shirt und Bermudas.

Sehen Sie, nun gibt's das übliche *mara-mari*!

Mara-mari?

Der Lastwagenfahrer hätte sich nicht mit den Kerlen anlegen sollen.

Ein Moped zwängte sich auf dem Bürgersteig durch die Gaffer und die schlechte Luft. Eine Gemüseverkäuferin vom Bürgerstreik bot mir eine Gurke an. Dann einen Kürbis. Schließlich eine Handvoll Okra.

Ich habe Ihnen gar nicht erzählt, was es zu Mittag gibt.

Bestimmt kein Bier. Dachte ich.

Wissen Sie, was *puran-pori* sind?

Können wir nicht umkehren?

Chapati kennen Sie bestimmt. *Puran-pori* sind gefüllte, süße *chapati*. Ich liebe sie über alles. Mein Vater auch. Es gab bei uns zu Hause immer Wettkämpfe, wer mehr von ihnen essen kann.

Sie haben gewiss gewonnen.

Nein, mein Vater war unschlagbar. Sie unterschätzen den Appetit alter Männer.

Und Sie unterschätzen diesen Stau.

Nein, Sir. Die Polizei wird bald kommen. Sie fürchtet Unruhen.

Tatsächlich. Plötzlich versickerte die Neugier und die Aggression, und das Hupen gewann wieder an Sinn.

Am Freitagnachmittag ist es viel schlimmer.

Ich weiß. Das große Gebet verwandelt die Straße in eine Fußgängerzone.

Was ist eine Fußgängerzone?

Ich erklärte es ihm.

Aber Sie kennen sich gut aus.

Nur ein wenig.

Wir ruckten weiter. Als Nächstes hielt uns ein Toter auf. Wollte man ihn tatsächlich mit seiner Brille kremieren? Lauter Männer in dem Alter zwischen Milchbart und Haarausfall folgten der Bahre wie Anhänger einer schweigenden Lehre.

Wir müssen noch *mithai* einkaufen.

Nicht für mich.

Es muss sein. Ohne *mithai* können wir uns nicht nach Hause wagen. Ich kenne einen Laden gleich um die Ecke.

Vor einem Hufeisen von Vitrinen musste ich Zucker in unzähligen Namen probieren. Ich kaufte mir eine Packung Cashewnüsse zur Neutralisierung.

Ich habe dem Ladeninhaber gesagt, dass Sie mein Freund sind. Sie werden hier immer bestens bedient werden.

Ich kaute die Nüsse, wir hörten Radio. Stolz wurde bekannt gegeben, dass die UN Indien einen ständigen Sitz im Weltsicherheitsrat zugebilligt habe.

Was bedeutet das, Sahib?

Es bedeutet, dass ich Sie nun auch Sahib nennen muss.

Wir sind da.

Mein Taxiwallah parkt neben einem Haufen Halbstarker.

Sie beäugen mich nachlässig, als sei ich ein abgeknickter Strohhalm, mit dem man doch nicht aus der Pepsi-Dose schlürfen kann. Im Treppenhaus liegen mehr Menschen, ausgestreckt auf Matten und Decken, als in meinem Heimatstädtchen auf dem Friedhof. Beim Ausweichen verliere ich das Gleichgewicht und trete auf einen der Schläfer. Anstatt mich am Hosenbein zu packen dreht sich der Liegende herum und ruft etwas aus. Mit einer Stimme, die sich zu einer Melodie aufrichtet. Mein Taxiwallah stimmt in das *Ki-si ki-mus ku-ra ha-ton* ein. Die Strophe wird im zweiten Stock aufgenommen, in den dritten getragen und in den vierten gepresst, der Gesang dieses ausgestreckten Treppenhauschors hat sich aus dem Mittagsschlaf gepellt, mit einer Melodie, die einem jeden Aufstieg erleichtern würde. Das Lied springt in einen Refrain hinein, dessen einfache Worte selbst ich verstehe.

Das ist das Leben oder
So heißt das Leben oder
Nenne das Leben beim Namen oder
So soll das Leben sein.

Wie heißen Sie eigentlich?, frage ich vor seiner Haustür.

Sanjay Mukhwaskar, Sahib.

Hör mit diesem Sahib auf, sonst esse ich deine *puran-pori* nicht.

Er scheint entsetzt zu sein. Erschrocken.

Das war ein Witz, Sanjay.

Die Tür geht auf und ich werde von einem duftenden Lächeln empfangen.

Sie müssen die Schuhe nicht ausziehen. Sagt Sanjay.

Ich werde es trotzdem tun.

Ich bin froh unseren neuen Freund kennen zu lernen. Sagt Sanjays Frau.

Ich habe acht *puran-poris* verdrückt. Mehr als der Vater von Sanjay jemals geschafft hat. Als ich nach Hause kam, war ich zu müde und zu voll, um mir das Formel-Eins-Rennen anzuschauen. Ich habe mich ins Bett gelegt. Eine Melodie ist mir nicht mehr aus dem Sinn gegangen. Ich bin mit ihr eingeschlafen.

Judith Kuckart
Sie kämmte sich

»… und zweitens«, ließ er durchblicken, »bin ich nicht arm.«

Es war 0.30 Uhr in jener Sonntagnacht. Es war Mai in Schöneberg und Charlottenburg und Pankow. Friedenau schlief. Hans-Ullrich stand vor Jelena und wusste nicht, wie zu ihr mit seiner Lust. Fast hätte er seine Kreditkarte gezeigt, Passierschein an der Grenze, um auf die andere Seite des Gitters zu kommen. Dort stand Jelena, allein, aber zu müde, um es zu bemerken. Sie hörte gar nicht richtig hin.

»… und außerdem.« Er harrte aus in einem Nebel aus Hoffnung, Pfefferminze und Tabac. Die Hoffnung drohte als Erste zu verfliegen.

Er war der letzte Kunde für heute. Jelena zog ihren schwarzen Kimono über und knotete den Gürtel sehr langsam vor dem Bauch. Sie sah seine Schuhe an, seine Hände, seinen Mund, sein Haar. Sie ging.

»Dreh dich um«, sagte er leise.

Sie blickte über die Schulter.

»Ich bin in einer Viertelstunde hier raus«, sagte sie.

»Ich warte«, sagte er.

Natürlich hielt er nicht ihre Hand, als sie auf der Straße nebeneinanderher liefen und kein freies Taxi fanden.

»Was haben Sie vorher gemacht?«

»Das ist nicht üblich«, sagte sie, »was ich hier mache. Ich gehe nie mit Kunden weg.«

Er glaubte ihr nicht und fragte: »Warum dann mit mir?«

»Weil Sie so harmlos aussehen.« Sie war gewohnt zu lügen.

Ein Taxi bespritzte ihre hellen Strümpfe, als es scharf neben ihnen bremste.

»El Borriquito, Kantstraße, bitte«, rief Hans-Ullrich zu laut. Sie ließen auf dem Rücksitz Platz zwischen sich, als solle noch ein Dritter zusteigen, der jedem von ihnen näher stand. Sie zog sich die Lippen nach mit einem dünnen Stift, füllte die Kontur ihres Mundes aus. Dann tropfte sie Parfum hinter die Ohren, in den Ausschnitt, in die Kniekehle. Als sie den Kamm herausholte, sagte der Fahrer, das erlaube er nicht einmal seiner Frau.

»Was?«

»... sich kämmen – im Wagen ...!« Vor Empörung ließ er einige Worte aus. Da trafen sich seine und Jelenas Augen im Innenspiegel. Mühsam riss er sich von ihrem Lächeln los.

Sie kämmte sich.

Christian Litz
She kissed you

Sie stieg aus, schlug die Tür zu, war sofort im Dunkeln verschwunden. Er drehte sich auf dem Vordersitz zu mir, hielt beide Hände vor seinen Mund. Sah im Dunkeln so aus, als würde er sie fest auf seinen Mund drücken. Und kicherte. Wie ein kleines Kind. Ja, wie ein kleines Kind, wie die, die ich vor Jahren im Kinderhaus Wichtelpark erlebt hatte. Wenn ihnen was peinlich ist oder sie was ganz faszinierend finden. Und wenn sie unbedingt wissen wollen, wie ein Erwachsener das sieht. »Simone hat gesagt, Scheiße, ich hab's gehört.« Hihihi, hihihi. Sah jetzt seltsam aus, wie er da kindhaft kicherte, ein erwachsener Mann. Ich sah ihn im Licht dieser kleinen Sri-Aurobindo-Figur auf dem Armaturenbrett seines Ambassadors, um die er eine Glitzerkette gehängt hatte, elektrisch betrieben, hell genug, um auch sein Gesicht zu beleuchten. Hihihi, hihihi. Er grinste breit und sagte zweimal hintereinander, ganz schnell: She kissed you. Er war fasziniert.

Sie heißt Fiona, wir waren in Pondicherry essen gewesen. In einem Restaurant namens Rendezvouz, er, der Taxifahrer hatte es ausgesucht. Guter, wirklich guter Fisch. Sie hatte mir von ihrem Mann erzählt, von ihrem Lebensgefährten, den sie gerade verlassen hatte, von ihrem neuen Freund, auf den sie richtig scharf ist, lauter Künstler. Von ihrer Tochter, fünfzehn, supertoll, sensibel, selbstbewusst, kein bisschen neurotisch, zurzeit beim verlassenen Mann, ab und zu beim Vater. Der Verlassene hatte es durch Zufall erfahren, nicht von ihr, während sie hier in Indien war, Entspannung suchen. Daheim gab es jetzt großen Ärger. Die zwei kannten sich nicht, aber er hatte die Nummer rausgekriegt und den Neuen nachts um vier angerufen, rumgepöbelt. Via E-Mail ist sie auf dem Laufenden. Und wirklich froh da nicht dabei zu sein. Sie erzählte von ihrer Zeit als Assistentin eines hohen Weltbankbürokraten, wie sie eine kleine Underground-Schallplattenfirma richtig erfolgreich gemanagt hatte. Ihr Leben in London, Paris, Barcelona, Mallorca. Warum sie Ashtanga-Yoga im Exzess betreibt. Weil sie davon diese tollen Muskeln bekommt. Wie alt sie ist. Dreiundvierzig. Ja, sie sehe jünger aus, eben wegen Ashtanga-Yoga. Wirklich tolle Muskeln. Faszinierend, weil sie eigentlich diesen Heroinchic hat, aber eben diese Muskeln an den Armen, diese breiten Schultern.

Ihr Vater kam aus Georgien, ihre Mutter aus Schottland, sie wurde in London geboren, wuchs in Paris auf. Recht spannend alles. Der Taxifahrer bekam das nicht mit. Das Beste aber – ihr Lächeln. Sie weiß das, setzt es bewusst ein. Ein richtiger Sonnenaufgang, Schönheit, Freude. Aber eben nur ein Lächeln, getestet und gezielt genutzt. Ich erzählte von meiner Frau, von meinem Sohn, supertoll, von meiner Arbeit, warum ich hier in Südindien rumhänge. Wir aßen und redeten dreieinhalb Stunden. Und draußen stand das Taxi. Das ist so üblich. Man ruft ein Taxi, macht mit dem Fahrer einen Preis aus für die Fahrt, inklusive Rückfahrt, und sagt, er solle warten, dafür schlägt er noch mal etwas drauf. Aber der Heimtransport ist gesichert.

Er kicherte immer noch, das war ein Anfall, er wiederholte, she kissed you, she kissed you. Fiona und ich hatten uns zum Abschied auf die Wangen geküsst, auf der Rückbank seines Taxis, die Initiative war von ihr ausgegangen. Hatte, denke ich mal, nichts zu bedeuten, wenn man Halbgeorgierin, in Frankreich aufgewachsen ist und rumkünstlert. Ich zumindest habe es als belanglos nett empfunden. Aber für den tamilischen Taxifahrer war das so was wie Sex. Wieder sagte er: She kissed you. O.K., ich möchte zurück ins Guest House. Er fuhr los, ich sah sein dauergrinsendes Gesicht im Rückspiegel. Einmal war ich sicher, dass er mich fasziniert anstarrte, bewundernd. Noch mal sagte er: She kissed you. Ich erklärte ihm, dass das eine normale Verabschiedung sei, da, wo sie herkommt. Er sagte nur: She kissed you. Ich bezahlte ihn und gab ihm Trinkgeld, noch auf der Rückbank sitzend. Er schrieb mir seinen Namen und seine Telefonnummer auf meinen Block: S. Senthil. Falls ich mal wieder ein Taxi brauche, er fahre mich gerne. Von da an nannte ich ihn Senthil. Vermutlich ist das sein Nachname, aber sicher bin ich nicht.

Wir sprachen noch ein bisschen. Wo ich herkomme, was ich hier mache, wie lange ich bleibe. Wie alt er ist: achtundzwanzig. Wo er lebt: Kuilapalayam. Dass das Taxi nicht ihm gehöre, dass er Auftragsfahrer sei. Wie sie heiße: Fiona. Wie alt sie sei. Wo sie herkomme. Immer wieder von Kichern unterbrochen. Und wieder der Satz: She kissed you. Ich erklärte es ihm noch mal, ganz langsam und genau: Das ist eine nette, aber unbedeutende Art der Begrüßung und der Verabschiedung. Auch zwischen verheirateten Menschen. Er lächelte.

Ich sagte tschüs. Als ich schon draußen war, rief er in die Nacht: She is pretty. Ich grunzte: Jaja. Er: She kissed you. Es war dunkel, ich sah keinen Weg und plötzlich sprang er aus dem Auto, kam mit einer Taschenlampe her, legte mir die Hand auf die Schulter und brachte mich zum Guest House, auf dem Weg kopfschüttelnd sein Mantra wiederholend: She kissed you. Er hatte den halben Weg einen Arm auf meiner rechten Schulter. Mir war das zu nah, aber ich dachte, gleich bin ich da und es ist vorbei. Zum Abschied klopfte er mir fest auf die Schultern. Er war zufrieden mit mir, stolz auf mich. Und es lag nicht am Trinkgeld.

Beim nächsten Mal ging ich mit David ins Rendezvouz. Am Guest House hatte mir Senthil die Taxitür von außen aufgemacht und ins Gesicht gelacht. Er sah David. Nur kurz. Dann wieder zu mir: enttäuscht. David war für ihn, verglichen mit Fiona, eine Kröte.

Rendezvouz: Fisch, Bier, Martini.

Wir waren betrunken. So betrunken, dass wir über Frauen redeten. Nach vier Stunden stiegen wir in Senthils Taxi. Wirklich betrunken. Ich hatte eine volle Flasche Bier in der Hand, eine Halbliterflasche Ice. David zwei. Senthil war trotzdem stolz auf mich, vielleicht gerade weil ich besoffen mit einer Flasche Bier auf seiner Rückbank hing. Inder dürfen öffentlich nicht trinken, der Bundesstaat Tamil Nadu war bis vor kurzem gesetzlich trocken, Senthil in Zeiten der Prohibition aufgewachsen. Eine Bierflasche in der Hand zu halten war für ihn eine Heldentat. Ich fragte, er antwortete, alles Mögliche, Leben in Indien, im Dorf, Sri Aurobindo, das ist dort der lokale Guru; Senthil fragte, ich antwortete: Leben in Deutschland, in der Stadt, kein Guru. Plötzlich grunzte David, ich rief stopp. Während David draußen kotzte, wisperte Senthil lächelnd: She kissed you. Und ich fragte: Bist du verheiratet? Nein, nein, er lebe bei seiner Familie; Brüder, Schwestern, Eltern, Oma, unverheiratet. David stieg noch mehrmals aus, pinkeln sagt er heute, kotzen denke ich. Und ich, betrunken, nutzte die Zweisamkeit und fragte Senthil: Gibt es in Indien vorehelichen Sex? Er lächelte lange und verlegen und ich rechnete mit einem: She kissed you. Er sagte aber: Nein. Setzte uns ab, sah mich noch mal stolz an, David etwas verachtend, und ich sagte zu ihm: She kissed me. Das war der beste Witz, den er je gehört hatte, ich habe noch nie jemanden so lachen hören, auch so lange. Zum Schluss sagte er noch: And you are drunk. Er war stolz auf mich, klarer Fall, ich machte das alles für ihn.

Einmal fuhr ich mit ihm einkaufen nach Pondicherry. Ich war gut drauf, obwohl Städte in Indien schlimm sind, hektisch, anstrengend, aber ich fand alles, was ich suchte, niemand legte mich rein. Ein paar versuchten es, aber ich merkte das, war stolz deswegen, es lief. Wir tranken gesüßten Tee aus Pappbechern, den ich von einem Straßenhändler kaufte. Unterhielten uns. Über alles Mögliche, nicht über Fiona, eher über Autos, Popmusik, Hollywood, Bollywood, Discos. Er erzählte mir, dass es doch vorehelichen Sex in Indien gebe. Und als ich nachfragte, sagte er: Huren. Und nicht einmal sagte er: She kissed you.

Wir sind dann noch mehrmals zusammen Taxi gefahren, haben uns beide wohl gefühlt, er hatte nie mehr gesagt: She kissed you, aber immer wieder nach Fiona gefragt. Wie lange bleibt sie hier in Auroville? Ist sie wirklich dreiundvierzig? Was macht sie gerade? Solche Fragen. Und immer hatte ich das Gefühl: Dieser Taxifahrer mag dich. Gut, eigentlich Fiona.

Abends in New Creation Corner, das ist ein Restaurant in Auroville, na ja, eher ein Imbiss, alkoholfrei, wie alles dort. Am Tisch: Fiona, Robert, David, Herbert, ich. Robert sagt, kommt, lass uns noch nach Pondi gehen. Ich bin dabei, Fiona sagt, au ja, Herbert nickt, und ich gehe los das Taxi rantelefonieren. Nur: Ich habe Senthils Nummer nicht dabei. Ich fühle Panik. Und sage zu dem Mann an der Kasse, dass ich unbedingt einen Fahrer namens S. Senthil brauche. Er kennt ihn nicht. Ich bin niedergeschlagen, da fragt er: Der, der Sie gestern hier abgeholt hat? Ich sage Ja und zehn Minuten später ist Senthil da. Seltsamerweise scheint er Fiona nicht wahrzunehmen, er unterhält sich nur mit mir, schaut nie zu ihr hin, obwohl sie so sitzt, dass er sie im Rückspiegel sehen könnte. Senthil benimmt sich seltsam, auch auf der Rückfahrt. Fiona setzen wir zuerst ab, wir küssen uns auf die Wangen, während die anderen drin im Taxi sich über *Pulp Fiction* unterhalten, David und Herbert können das Drehbuch auswendig. Der Wangenkuss, belanglos. Für mich von keinerlei Bedeutung. Im Taxi wird mir klar: Ich tat es für ihn. Vor dem Guest House bezahle ich Senthil, gebe ihm wieder ein gutes Trinkgeld und sage: Das war Fiona. Er, schwärmend: Yes, she's pretty. Senthil ist schüchtern, eindeutig. Und verliebt.

Eine Woche später fährt Senthil mich nach Pondicherry zum Bahnhof, weil ich dort Zugtickets kaufen muss, für die Strecke Madras – Varanassi, für David und mich. Auf dem Rückweg sagt mein Freund Senthil, dass er uns gerne nach Madras zum Bahnhof fahren würde, vier Stunden Fahrt, das Geld könne er brauchen, und ich sage, klar, gerne, unbedingt, morgen früh, neun Uhr. Aber heute Abend gehen wir noch mal ins Rendezvouz, du solltest uns um acht abholen. Geht klar, sagt Senthil und lacht. Vorfreude. Eindeutig.

Abends: Fiona geht nicht mit, sie macht heute eine Sonderschicht Ashtanga-Yoga. Robert hat keine Zeit, David muss noch arbeiten. Nur Nicole geht mit. Nicole ist klasse. Kommt aus Bergamo, eine Parade-Italienerin, tiefe Stimme, Temperament im Überfluss, Mimik und Gestik mit viel Tempo und Anmut, immer modisch gekleidet, drall, richtig drall, so wie die Inder es eigentlich mögen, mit einem großen Busen, wirklich groß und immer mit einem Ausschnitt, der in Indien eigentlich nicht geht. Aber Nicole sagt: Ich bin Italienerin, nicht Inderin, warum soll ich mich verkleiden? Ich habe sie mal in einer Disco tanzen sehen – Nicole, der Vulkanausbruch, atemberaubend. Ich meine, wirklich atemberaubend. Als Nicole tanzte, musste ich viel schneller atmen, ich brauchte mehr Luft.

Mein Lieblingstaxifahrer holt uns ab, blickt finster drein, sagt kaum was. Er bringt uns Stunden später zurück, sagt kein Wort mehr, völlig verstummt. Wir setzen Nicole bei New Creation Corner ab, da hat sie ihren geliehenen Motorroller stehen. Italienerin. Motorroller. Klasse. Sie küsst mich zum Abschied auf die Wangen. Ich rufe: Ciao Bella. Sie lacht und winkt. Senthil fährt mich zum Guest House. Ich bezahle, gebe Trinkgeld und sage, weil ich finde, er ist muffelig, ganz freundlich: Morgen, neun Uhr, Madras. Er sieht, trotz des in Aussicht stehenden Verdienstes, trüb aus, gibt mir die Hand, sagt förmlich Auf Wiedersehen, ja, er senkt sogar den Kopf dabei und fährt davon.

Ich habe ihn enttäuscht.

Am nächsten Morgen kommt ein anderer Fahrer, bringt uns nach Madras. Als ich ihn nach Senthil frage, sagt er, der sei krank. Als ich noch mal frage, sagt er, na ja, nicht krank, aber er habe einfach nicht wollen.

Luci van Org
Der Scheinriese

Zehn nach neun, wieder kein Anruf vom Scheinriesen. Mit einem Seufzer steckte Rosemarie Hilbig das Handy zurück in die Halterung und steuerte den Taxistand an. Drei Kollegen warteten schon, aber eine Stunde Stehen war immer noch besser als vom Geplärre der Funkdurchsagen Kopfschmerzen zu kriegen. Wagen 2610 bremste ruckartig und der dicke Stapel Frauenzeitschriften aus dem Handschuhfach platschte vor den Beifahrersitz. »Scheiß-Hungerharken!« Devon, Giselle und die anderen zehn Titelbeautys auf der Fußmatte grinsten, von der Beleidigung gänzlich unbeeindruckt, hoch in Rosemaries Nasenlöcher.

Leise weiterschimpfend klappte sie die Sonnenblende herunter und betastete vor dem Spiegel ihre Stirn: Dunkelrosa glänzten drei entzündet puckernde Hügel unter den strohigen Ponyfransen, der linke Daumennagel passte genau in die Kerbe zwischen den Augenbrauen. Ihr Spiegelbild erinnerte sie an einen Artikel über Hautalterung durch zu viel Magensäure.

Die stieg jetzt Rosemaries Speiseröhre nach oben und brannte sich in ihren Gaumen. Hustend riss sie ein Maaloxan-Tütchen auf und saugte den stumpf schmeckenden Magenberuhigungsbrei heraus. Fünfundvierzig Jahre Currywurst, seit sechs Monaten zweimal täglich. Typisch Imbissbesitzerkind! Typisch Frustfresserin!

Dabei war es tatsächlich mal spannend gewesen, sich für ein paar Mark am Tag mit grantigen Fahrgästen durch verstopfte Straßen zu drängeln. »Erzähl, mein Röschen«, hatte Karl jeden Abend gebettelt und zur Belohnung für ihre Taxigeschichten gab es Rotwein und Küsse. Aber Karl war vorbei, Röschen war vorbei, die Belohnungen und die Geschichten auch, eigentlich alles. Rosemarie drückte den nächsten Schwall Säure durch tiefes Einatmen zurück in den Magen und rieb sich die Augen. Drei Wochen durchgearbeitet, drei Wochen nicht ausgeschlafen.

Sicher würde es genau dann passieren, wenn sie sich doch irgendwann freinahm; Punkt 8.45 Uhr, mitten im Tiefschlaf, würde ihr Handy klingeln. »Guten Tag, ich erwarte Sie um 9.00 Uhr am Wasserfall.« Der Scheinriese rief immer zur selben Zeit an und er sagte nie etwas anderes. Sie müsste ablehnen, zum ersten Mal nach drei Jahren, und er würde sich nie wieder melden. Vierhundertzwanzig Mark die Woche weniger für einmal Ausruhen. Nein, sie musste durchhalten!

Aber wie lange noch? Die letzte Tour war dreiundzwanzig Tage her. Warum meldete er sich nicht? Wollte er nicht mehr mit ihr fahren? War ihm etwas zugestoßen oder hatte er unbemerkt verschwinden müssen? Seltsam genug war er. Welcher unbescholtene Bürger lässt sich drei Jahre lang für fast zwei Mille im Monat herumfahren und redet dabei kein privates Wort? Eigentlich konnte sie ihn nicht ausstehen. Kein Fahrgast war wirklich sympathisch und alle erzählten ewig das Gleiche, aber die, die gar nichts sagten, machten ihr Angst. »Krankhaft« hatte Karl das genannt. Klugscheißer! Ihm saßen ja keine fremden Menschen im Rücken, die er nicht einmal hören konnte.

Der Scheinriese lächelte immer nur verhalten, wenn sie versuchte ein Gespräch anzufangen. »Guten Tag«, »Auf Wiedersehen«, Richtungsangaben, das war alles. Nicht einmal seinen Namen hatte er verraten und selbst mit einem Trick war es nicht gelungen, ihn herauszubekommen. »Wer ist da?«, hatte Rosemarie nachgehakt, als er zum dritten Mal anrief. »Der Mann vom Wasserfall« war die Antwort. Höflich, unverbindlich, undurchsichtig, irgendwie unheimlich.

Wie seine gesamte Erscheinung: beängstigend nichts sagend, unnormal normal. Graubraune, kurze Haare, graublaue, wässrige Augen, mittelgroß, mittelschlank, alterslos, charakterlos. Rosemarie wäre nicht einmal in der Lage gewesen, ein Phantombild von ihm zeichnen zu lassen, falls er von der Polizei gesucht würde. Sie rechnete: Zehn Stopps auf jeder Tour, das machte mehr als fünfhundert Überfälle oder Morde pro Jahr. Nein, da hätte was in der Zeitung gestanden.

Aber was sollte diese Geheimniskrämerei, bei jedem Aussteigen sofort hinter der nächsten Straßenecke zu verschwinden? Nach fünf Minuten kam er dann von woanders zurück. Das war alles andere als normal und ziemlich verdächtig. Als wollte er jemanden auf eine falsche Fährte locken. Traf er Informanten? War er Geheimagent oder Drogenkurier? Aber er brachte nie etwas mit von seinen Stopps und hatte auch nie etwas dabei. Keine Tasche, keine Pakete, nichts. Nur seine Geldbörse, aber die ließ er immer zur Sicherheit auf dem Rücksitz. Dabei hatte Rosemarie ihm schon auf der zweiten Tour gesagt, dass es nicht nötig war.

»Für Elise«, piepste das Handy. »Helmut«, meldete das Display und Rosemarie griff nach der nächsten Portion Maaloxan. Mit einem großen, lauten Schluck würgte sie die Erinnerung an den letzten Sommer herunter. Helmut war auch einsam gewesen. Hatte sie von seinem bisschen Arbeitslosenhilfe ständig eingeladen, zum Kegeln, zum Chinesen. Einmal war sie zu ihm mitgegangen. Dieser Geruch! Plötzlich hing er wieder in ihrer Nase und Rosemarie wurde übel: Tabac After Shave, aber irgendwo darunter, nicht sehr stark, aber trotzdem unerträglich, roch es nach Schwanz. Süßlich, verwest, er stank. So wie alle Männer, die nicht Karl waren. Sie kurbelte das Fenster herunter, um den Würgereiz abklingen zu lassen. Helmut hatte nie erfahren, warum sie ihn nicht mehr treffen wollte. Armer Irrer, rief immer noch an und sie rief nie zurück. Ihr Telefon verstummte.

Das erste Taxi fuhr auf die Straße. Erneut seufzend warf Rosemarie den Motor an, um aufzurücken. Missmutig stopfte sie dann die Magazine zurück ins Handschuhfach und blieb an einer Reportage über Prostitution hängen. Ob der Scheinriese Callboy war? Zehnmal in vier Stunden! Anerkennend pfiff sie durch die Vorderzähne. Nein, nicht in dem tristen Aufzug:

schwarzer Rollkragenpullover, schwarze, schmale Bundfaltenhose, an kälteren Tagen ein schwarzer Wollmantel, immer dasselbe. Nicht dass er ungepflegt gewesen wäre. Seine Kleider sahen jedes Mal aus wie neu, seine Fingernägel waren manikürt und unrasiert war er auch nie; aber irgendwie abstoßend, trotz allem.

Seit der ersten Tour mit ihm hatte sie Vermutungen angestellt. Wenigstens war er nicht so uninteressant wie alle anderen. Anscheinend hatte sich aber jetzt der einzige Mensch, der Rosemarie nicht zu Tode langweilte, schon wieder aus ihrem Leben gestohlen. »Quatsch!« Sie vertrieb den aufkommenden Weltschmerz mit einem verächtlichen Lachen. Der Scheinriese war die übelste Schlaftablette von allen. Nie rief er auch nur eine Minute früher oder später an, als drei viertel neun. Blöder Pedant! Immer musste sie ihn am Wasserfall abholen. Bisher hatte auch jede Tour dort geendet, auf die Minute genau nach vier Stunden. Wie schaffte er das? Die Strecke war jedes Mal anders. Grimmig verwarf Rosemarie alle Spekulationen in Richtung Agenten- oder Halbwelttätigkeit. Ein staubtrockener Beamtenarsch war er, zu hochnäsig, sich mit einer Taxifahrerin übers Wetter zu unterhalten. Hatte zehnmal dieselben Klamotten im Schrank, ausgesucht von Mama, um keine Zeit beim Anziehen zu verlieren.

Standen ihm aber gut. Merkwürdig imposant wirkte er so ganz in Schwarz am Straßenrand. Aber je näher ihr Stammgast ans Taxi kam, desto kleiner und unauffälliger wurde er. Wie der Scheinriese eben, diese Marionette aus der Augsburger Puppenkiste, von weitem riesengroß und aus der Nähe betrachtet ganz normal. Schrecklich normal, viel zu normal. So normal wie Männer, die heimlich kleinen Kindern auflauerten und zu Hause den braven Familienvater gaben.

Wieder »Für Elise«, aber kein Name. Sie nahm das Gespräch an. »Guten Tag, ich warte am Wasserfall auf Sie.« Die monotone Stimme des Scheinriesen, zerhackt durch die schlechte Funkverbindung, zischelte aus der Freisprechanlage. Rosemarie erschrak und fühlte sich peinlich ertappt. Dann lenkte sie mit einem »Komme sofort« ziemlich erleichtert das Taxi auf die Straße und fühlte tatsächlich so etwas wie Vorfreude. Morgen würde sie im Bett bleiben und fernsehen, mit dem Geld für drei Tage in der Tasche. Dem Scheinriesen ihre Handynummer zu geben war einmal eine gute Idee gewesen.

Sie erkannte ihn von weitem. Ein übergroßer Schatten zwischen all den sommerlich bunt gekleideten Menschen. »Guten Tag«, sagte er, nachdem er beim Einsteigen auf Normalmaß zusammengeschrumpft war. Sie fuhren ins Bayerische Viertel zu einem teuer renovierten Altbau. »Bitte warten Sie hier.« Ihr Fahrgast stieg aus und verschwand wie immer um die nächste Ecke. Rosemarie blickte hoch zu den riesigen Fenstern. Abends leuchteten sie orange. Einladend und behaglich. Sicher roch es gut hinter den Scheiben und die Leute liefen dort auch im Dezember nackt übers Parkett. Immer hatte sie in ein Vorderhaus ziehen wollen. Endlich auf alte Straßenbäume gucken statt auf die ewig gleiche Brandmauer, aber nicht mal das hatte sie geschafft. Nichts hatte sie in den letzten Jahren bewegt, niemandem genützt. Ihre Existenz war durch und durch sinnlos.

»Diese Vorderhauswohnungen sind mitnichten so schön. Viel zu laut.« Rosemarie zuckte zusammen. Sie hatte nicht bemerkt, dass der Scheinriese schon zurückgekommen war. Hatte er gerade wirklich mit ihr gesprochen? Und wenn ja, woher wusste er, woran sie gedacht hatte? Vorsichtig blickte sie in den Rückspiegel. »Bitte fahren Sie zum Leopoldplatz.« Er blätterte in einer Zeitschrift, die wahrscheinlich vorhin unter den Beifahrersitz gerutscht war.

»Warum lesen Sie das?« Er hatte wieder etwas gesagt! Er hatte sie tatsächlich angesprochen! »Irgendwas muss man ja machen beim Warten«, antwortete sie zögernd. »Manch einer wartet und wartet und bekommt dabei gar nichts mit.« Der Mann blickte versonnen aus dem Fenster. War das eine Anspielung? Vielleicht auf das Messer, das er gleich ziehen würde? Ganz langsam kroch Angst vom Bauch hoch in Rosemaries

Kehle und schnürte ihr die Luft ab. Möglichst unauffällig behielt sie ihren Kunden über den Spiegel im Auge. »Es gibt so viel zu sehen. Denken Sie an den Tanz der Blüten, wenn sie sich der aufgehenden Sonne öffnen.« Er lächelte verklärt. »Oder die Struktur von abbröckelndem Putz an einer alten Hauswand, besser als jedes Kunstwerk, finden Sie nicht?« Ihre anfängliche Erstarrung wich plötzlich aufsteigender Wut. »Glauben Sie, ich hätte Zeit für so was? Aber was versteht schon ein reicher Sack wie Sie davon!«

Hatte sie das wirklich gerade gesagt? Der Scheinriese wendete den Blick in ihre Richtung. Rosemaries Herz schlug so heftig, dass es wehtat, und im Darm fühlte es sich an, als hätte sie Durchfall. »So etwas muss ich mir nicht bieten lassen!«, würde er gleich protestieren und bei der nächsten Gelegenheit aussteigen. Mit Recht. Was war in sie gefahren?

»Ich sollte nicht von mir auf andere schließen«, entgegnete er stattdessen sanft. »Sie haben sicher Besseres zu tun; treffen Freunde, helfen Ihren Kindern bei den Hausaufgaben, bekochen Ihren Mann. Mir ist all dies leider nicht vergönnt.« Wieder fühlte Rosemarie sich unangenehm ertappt. In ihrer Strickjacke wühlte sie nach dem nächsten Maaloxan und in ihrem Gedächtnis nach irgendeiner passenden Floskel. »Ich habe keine Freunde, keine Kinder und keinen Mann.« Wie war dieser Satz aus ihrem Mund gekommen? Von irgendwo hörte sie die Sirenen eines Krankenwagens und verriss vor Schreck das Steuer. Ihr Herz raste. Vorsichtig schielte sie wieder in den Rückspiegel. Keine Reaktion. Die Sirene hatte sie übertönt. Gut so! Der Scheinriese starrte verloren auf den Bürgersteig. »Am grausamsten ist das Frühjahr«, sagte er leise, »die Verliebten.« Rosemarie wusste, was er meinte. Sie hasste den Frühling.

»Sie sind doch 'n hübscher Kerl. Gibt doch sicher 'ne Menge nette Frauen für Sie.« Wenigstens ein Allgemeinplatz hatte den Weg in ihr Sprachzentrum gefunden. »Sie sehen mich nicht«, seufzte der Mann auf der Rückbank, »Sie wollen mich nicht sehen.« Auf seiner Stirn hatten sich zwei tiefe Furchen gebildet und irgendwie wirkten seine Augen dunkler als sonst. »Niemand will mit mir etwas zu tun haben.« Der letzte Satz klang ehrlich verzweifelt und ließ Rosemarie peinlich berührt auf den Holzkugeln ihres Rückenschonbezuges herumrutschen. Mitleid nannte man das wohl, was sie gerade empfand. Etwas, von dem sie längst vergessen hatte, wie es sich anfühlte. In jedem Fall war es fast schlimmer als Schweigen. Noch eine Sirene. Vergeblich suchte sie nach einem Krankenwagen oder einer Feuerwehr, dann kreuzte ihr Blick die unsagbar traurigen Augen ihres Fahrgastes und sie überkam das merkwürdige Gefühl, ihn irgendwie trösten zu müssen. »Wissen Sie, dass ich sehr oft an Sie gedacht habe?« Seltsamerweise fühlte sich der Satz gar nicht peinlich an. »Wirklich?« – »Ja, ich habe Ihnen sogar einen Namen gegeben.« Was für eine dumme Idee! Ein kindischer Spitzname war sicher nicht das, was er jetzt hören wollte.

»Der Dunkle? Der Schweigsame?« Ihr Gast seufzte. »Nein«, verlegen druckste sie herum. »Wissen Sie, Sie wirken immer so groß und fast unheimlich, wenn Sie vor dem Wasserfall stehen. Ich wollte damals gar nicht halten, als Sie gewunken haben.« »Und dann haben Sie es doch getan?« – »Ja, weil ich an Ihnen vorbeigefahren bin und Sie sind plötzlich ganz klein und unauffällig geworden. Äh … wissen Sie, was ein Scheinriese ist?« Der Mann musste plötzlich lachen, laut und befreit lachen. »Scheinriese? Nennen Sie mich so? Das ist gut, wirklich gut, sehr gut!« Ein wenig hilflos lachte sie mit. Zwei Ausfahrten der Stadtautobahn lang, und mit jedem Lacher wich die Anspannung mehr und mehr Rosemaries alter, ewig nicht verspürter Neugierde.

»Was sollte ich tun? Sie haben mich ja immer nur angeschwiegen. Sagen Sie mir doch Ihren richtigen Namen.« Ihre Stimme hatte einen neckischen Unterton bekommen, der eher zu einem Teenager als zu einer korpulenten Frau Mitte vierzig passte. »Später«, antwortete ihr Gast. »Noch ist es nicht an der Zeit.« – »Schon gut, wenn Sie nicht wollen.« Die Neugier machte sie übermütig: »Aber dann wundert's mich nicht, dass Sie so einsam sind.« Sehr erstaunt über ihre eigene Frechheit beobachtete Rosemarie den Scheinriesen im Spiegel. Er schien es nicht übel genommen zu haben. Noch immer blickte er freundlich, jetzt sagte er etwas, aber das erneute Tatütata eines Rettungsfahrzeugs übertönte seine Stimme. Wieder konnte sie nicht entdecken, von wo die Sirene kam. Wahrscheinlich eine Demonstration. Hoffentlich mussten sie keinen Umweg fahren. »... ist eben mein Beruf.« Jetzt konnte sie ihn wieder hören. »Ein wundervoller Beruf, glauben Sie mir. Jahrtausende alt, mit großer Tradition. Die Leute haben eine völlig falsche Vorstellung. Wie ich hörte, bemühen sich jetzt sogar einige ihn abzuschaffen. Unmöglich! Was das für Folgen hätte!« Rosemarie wagte nicht, ihm zu gestehen, dass sie nicht mitbekommen hatte, wovon er sprach, so sehr hatte er sich in Fahrt geredet. »Die ganz Alten, die freuen sich manchmal, wenn ich sie besuche.« Seine Augen glänzten plötzlich warm und liebevoll. »Und die, die schwer krank sind. Die sind oft sehr nett.« Versonnen blickte er auf die Straße. »Halten Sie bitte da vorn am U-Bahnhof.« Er stieg aus und verschwand.

Womit auch immer dieser Mann sein Geld verdiente, er schien noch einsamer zu sein als sie. Was macht einer, dass niemand mit ihm zu tun haben will? Steuereintreiber? Gerichtsvollzieher? Kammerjäger? Leichenwäscher?

Plötzlich klopfte es laut ans Fenster. Eine riesige Hornisse, die erste, die Rosemarie dieses Jahr zu sehen bekam, war im Flug gegen die Frontscheibe des Taxis geprallt. Etwas benommen krabbelte sie am Glas empor. Die kräftigen Fühler betasteten das Glas, ihre feinen Härchen schimmerten in der Sonne, die jetzt durch die Wolken brach. Der dicke Hinterleib war absolut gleichmäßig gemustert. Als hätte ein sehr ordentlicher Künstler Hilfslinien vorgezeichnet und die Zwischenräume dann ganz vorsichtig in Tiefschwarz und Dottergelb ausgemalt.

»Sie hatten Recht, ich habe auch ein Kunstwerk gefunden!« Rosemarie schaute nicht auf, als ihr Stammgast zurückkam, sondern betrachtete weiter das Insekt auf der Scheibe. »Sie sind wunderschön, nicht wahr. Einige fliegen im Sommer immer mit mir mit. Sonst haben Sie sie mit dem Scheibenwischer zerquetscht. Erinnern Sie sich?« Nein, sie erinnerte sich nicht. Was sollte dieser Quatsch vom Mitfliegen? Ein leiser Anflug von Beklommenheit ließ sie hüsteln.

»Sehen Sie, jetzt bin ich Ihnen noch unheimlicher als früher. Ich hätte nichts erzählen sollen. Es hat einfach keinen Sinn.« Der Mann bemühte sich seine Mundwinkel gerade zu halten, aber sie zitterten und verzogen sich immer weiter nach unten. Ein erbärmliches Bild. »Ich, ich finde interessant, was Sie sagen. Na gut, vielleicht 'n bisschen ungewohnt, aber das gibt sich schon.« Verzweifelt versuchte Rosemarie die Situation zu entkrampfen. »Fahren Sie bitte zum Naturkundemuseum.« Nervös biss er sich auf die inzwischen heftig zuckende Unterlippe.

Schweigen. Schon drei Minuten. Und im Rückspiegel sein maßlos betrübtes Gesicht. Rosemarie atmete tief ein und erinnerte sich daran, dass sie früher einmal mutig gewesen war. »Wohin gehen Sie, wenn Sie aussteigen?«, platzte es viel zu laut aus ihr heraus. »Bitte, verraten Sie es mir.« – »Ich besuche Menschen, um sie zu ...« Wieder eine Feuerwehrsirene. »Entschuldigung, ich habe Sie nicht verstanden!« Der Scheinriese reagierte nicht. »Interessiert Sie das? Das freut mich! Gerne werde ich Ihnen mehr erzählen. Nur noch ein wenig Geduld!« Seine Traurigkeit war mit einem Mal verflogen und Rosemarie wurde seltsam aufgeregt. Fast so wie früher, wenn Karl sie mit verbundenen Augen ins Wohnzimmer geführt und mit kleinen Geschenken überrascht hatte. Der Mann war überhaupt nicht mehr unsympathisch. Und dieser Duft. Sie atmete tief ein, dann wieder aus und wieder ein und konnte es kaum fassen. Er stank nicht! Er roch angenehm, nach irgendetwas aus ihrer Kindheit. Im Rückspiegel sah sie, dass er wieder lächelte. Ein schönes, warmes Lächeln. Wieso war es ihr nie aufgefallen? Irritiert bemerkte sie ein sanftes, sehr angenehmes Ziehen in der Magengegend, das sie seit Karl nicht mehr gekannt hatte.

Der Wagen hielt an einer roten Ampel, das Naturkundemuseum in Sichtweite. Rosemarie spürte ziemlich befremdet, wie das Ziehen stärker wurde, und schöner. Genau wie das Gesicht des Scheinriesen. Warum hatte sie die zwei winzigen Grübchen nie gesehen, die sich gleich neben seinen Mundwinkeln bildeten, wenn er lächelte? Und seine Lippen, unglaublich weich und perfekt gepflegt, nicht rau und aufgesprungen wie bei Helmut oder sogar bei Karl. Wieder und wieder musste sie in den Spiegel gucken. Ganz egal wie albern es war. Das Ziehen fühlte sich wundervoll an. Es sollte nicht aufhören, wenigstens nicht heute. Noch einmal atmete sie tief ein und genoss den herrlichen Duft, der das Taxi erfüllte. Was hatte sie schon zu verlieren.

»Wissen Sie, was hilft, wenn ich mich zu allein fühle?« Der Scheinriese blickte über den Rückspiegel in ihre Augen und das Ziehen nahm ihr die Stimme. »Currywurst«, sagte sie beinahe tonlos. Und dann etwas lauter: »Aber nur die beste, von Ulli und Erika unter den Yorckbrücken. Vielleicht könnten wir nachher zusammen eine essen gehen. Dann erzählen Sie mir alles, wenn's Ihnen recht ist.« Der Scheinriese blickte auf seine schwarzen Schuhe und schwieg. Sie konnte nicht sehen, ob er noch lächelte. »Die machen in einer halben Stunde auf«, ergänzte sie unsicher. Peinliche Stille. Wie hatte sie glauben können, dass ein Mann Lust hatte, mit ihr etwas essen zu gehen, und wenn es nur Currywurst war. Schweigen. Das wundervolle Ziehen in ihrem Bauch verwandelte sich in gemein schmerzendes Stechen. Heftig trat sie aufs Gas und bremste zweihundert Meter später hart vor dem Museum. Sie wollte nicht mehr in den Rückspiegel sehen, aber ihre Augen gehorchten ihr nicht.

Der Scheinriese weinte. Dicke Rinnsale liefen über seine Wangen und sammelten sich in den beiden Grübchen neben seinen Mundwinkeln – er lächelte. »Wissen Sie«, stammelte ihr Gast, nachdem er sich das Gesicht mit seinem Pullover trockengewischt und dabei ein paar weiße Hautschüppchen auf der schwarzen Wolle hinterlassen hatte, »wissen Sie, wie glücklich Sie mich gerade gemacht haben?« Sie hatte jemanden glücklich gemacht? Das hatte ihr ewig keiner gesagt. Wie kitschig. Verlegen schaute sie auf ihre weißen Gesundheitsschuhe und fühlte sich großartig.

»Bin gleich zurück«, sagte er lachend beim Aussteigen und rannte davon. Schon nach zwei Minuten kam er wieder. Rosemarie hatte währenddessen Wolkentiere am Himmel beobachtet und ihnen Namen gegeben. »Zum Nollendorfplatz. Dort ist die letzte Station für heute.« Wie gut, das war gleich auf dem Weg. Rosemarie fiel gar nicht auf, dass die Tour heute entschieden kürzer war. Sie schwiegen, erfüllt von stiller Freude. Von Zeit zu Zeit summte Rosemarie die Melodie der Sirenen mit. Nahezu andauernd hörte sie welche. Wie seltsam, dass noch nicht eine Feuerwehr oder Polizeiwanne aufgetaucht war.

Vor dem Metropol am Nollendorfplatz hielt sie an. »Wie ich mich freue«, sagte der Scheinriese sanft und blickte ihr in die Augen. Ihr wurde entsetzlich warm und sie konnte ihren eigenen Herzschlag hören. »Ich eile!«, rief er, als er leichtfüßig in der nächsten Seitenstraße verschwand. Sie hatte nicht übel Lust, ihm nachzulaufen, aber er war schon zu weit weg. Warum hatte sie das in all den Jahren nicht probiert? Erstaunlich, wie träge sie gewesen war. Erneut klappte sie eine Sonnenblende herunter und zupfte ihren Pony zurecht. Die Hügel dahinter glühten von der Aufregung, aber sie fand trotzdem, dass sie viel gesünder aussah als heute Morgen.

Plötzlich fiel ihr Blick auf sein prall gefülltes Portemonnaie. Er hatte es wie immer auf dem Rücksitz liegen lassen. Schwarzes, weiches Leder. Musste ziemlich teuer gewesen sein. Wie von selbst tastete Rosemaries Hand sich auf dem Rücksitz vor, während sie versuchte über Spiegel und Fenster alle Wege im Auge zu behalten, aus denen er zurückkommen konnte. Endlich fühlte sie das weiche Leder. Ihre Finger zitterten, als sie den Druckknopf des Verschlusses öffnete.

Leer! Das Portemonnaie war leer! Kein Geld, kein Ausweis, nichts. Absolut nichts, was ihr irgendeine Information hätte geben können. Wie konnte das sein? Es hatte geradezu voll gestopft ausgesehen. War er ein Betrüger? Nein, sie hatte immer Geld von ihm bekommen. Unbändige Scham stieg in ihr auf, als sie die Börse vorsichtig zurücklegte. Gerade rechtzeitig, der Scheinriese bog um die Ecke. Seltsamerweise wirkte er jetzt sogar von weitem nicht mehr groß. Dafür aber sehr freundlich und irgendwie beschwingt. Sie musste den Fehler von eben wieder gutmachen.

»Wissen Sie was? Heute fahre ich Sie umsonst!« – »Ich weiß!« Rosemarie verstand nicht. »Gleich werden Sie alles verstehen«, noch ein wunderschönes Lächeln vertrieb den letzten Hauch von Argwohn. »Wie schön die Stadt doch im Sommer ist«, seufzte Rosemarie und atmete tief durch. »Und dieser Duft.« Sie kurbelte die Scheibe noch ein Stück herunter, obwohl sie wusste, dass der Geruch nicht von draußen kam. Plötzlich fiel ihr ein, woher sie das leicht benebelnde Aroma kannte. Aus Bayern, wo sie mit ihren Großeltern eine Kirche besichtigt hatte.

Er roch nach Weihrauch! Aber ihr blieb keine Zeit, weiter darüber nachzudenken. »Dort vorn ist es.« Sie zeigte auf die Imbissbude an der nächsten Ecke. Seltsamerweise stand niemand davor. Schade, sie hatte auf eine lange Warteschlange gehofft, auf ein klein wenig mehr Zeit. Dann sah sie die heruntergelassenen Rollläden. Der Imbiss hatte geschlossen. Enttäuschung und Wut schnürten Rosemarie die Kehle zu. Wie hatte sie auch glauben können, dass sie mal ein klein wenig Glück hatte. Es war viel zu peinlich, ihm jetzt einen anderen Ort vorzuschlagen. Sie hatte noch drei Minuten, dann würden sie am Wasserfall sein. Er würde aussteigen, wieder aus ihrem Leben verschwinden und sie müsste zurückbleiben und warten, wieder nur warten. Nicht mehr auf Geld, aber auf einen Mann, der ihr noch immer nicht einmal seinen Namen verraten hatte. »Er hat zu«, sagte sie tonlos. »Vielleicht nächstes Mal.« – »Nein!«, sagte der Scheinriese leise und lächelte noch immer. »Was soll das heißen?« Sie hielten an der nächsten Ampel. Er antwortete etwas, aber wieder wurde seine Stimme von Sirenen übertönt. Sie waren ganz nah.

Direkt auf der anderen Straßenseite stand ein Krankenwagen. An einem Taxistand. An dem Taxistand, von dem sie vorhin losgefahren war. Sanitäter zogen jemanden aus dem dritten Wagen. Eine graublonde, ziemlich dicke Frau in einer grünen Strickjacke. Rosemarie erstarrte. Die Frau sah aus wie sie selbst, nur viel blasser und irgendwie leblos. Aber sie lächelte, sie lächelte beseelt und glücklich über das ganze Gesicht. Die Männer in den Sanitäteruniformen brachten eine Trage. Nein, sie brachten einen Zinksarg. Die Frau war tot.

Hatte sie das gerade wirklich gesehen? Träumte sie? War sie endgültig verrückt geworden? Kalter Schweiß perlte von ihren Schläfen, die Augen brannten. Fahrig wischte sie ihr Gesicht mit dem Jackenärmel ab und versuchte sich ihre Hilflosigkeit nicht anmerken zu lassen. »Ich … ich setze Sie dann wie immer am Wasserfall ab.« – »Nein«, antwortete der Tod und lächelte ihr sanft aus dem Rückspiegel entgegen. »Heute fahren wir weiter.«

Zé do Rock
Good old Times

Nein, ich sene mich nich nach inen, den good old times im taxi. Richtig rosig waren sie auch nich, aber immer wider mal amüsant und auf alle fälle interessanter als die meisten büroarbeiten. Man fängt die schicht an und weiß nie, wo man hinfaren wird und was für leuten man begegnen wird. Was erlebt schon die kassiererin einer bank? Geld zälen, geld in empfang nemen, geld rausgeben. Manchmal ein überfall, öfters als bei den meisten taxifarern, weil in einer bank meistens mer geld zu holen is als bei eim taxifarer. Aber was hat die kassiererin davon? Ein näerer umgang mit dem bankräuber is nich gestattet, also kostet so was nur nerven, bringt aber keine neuen erkenntnisse.

Münchner taxifarer sind sowieso zimlich sicher, kein vergleich mit Berlin zum beispil, und noch vil weniger kann man es mit Rio oder New York vergleichen. Ich kenn die zalen nich, aber ich schätz, das es nich mer als ein überfall pro monat gibt, und das bei 3500 taxis. Bei mir war immer tote hose. Manchmal hatte ich den eindruck, diser schweigsame fargast im rücksitz, der mich in den busch komandiert, das könnte ein räuber sein. Aber am ende war nie was. Einmal hab ich ein typen zum Hasenbergl gefaren, der Bronx Münchens (jede stadt braucht ire Bronx, und sei sie auch sicherer als das sicherste virtel von Los Angeles), dem is beim aussteigen ein revolver aus der tasche gefallen. Zwischen sitz und tür lag er, als der näxte fargast, eine oma, eingestigen is. Bisschen erschrocken war sie.

Ein andres mal is ein schweigsamer fargast ausgestigen und seine pistole blib auf dem sitz ligen. Er ging um das auto, ich nam die pistole, hilt sie so, wie man eine pistole hält, und rif ihn: »Hey, du hast deine knarre vergessen!« Da wurde ihm mulmig, weil ich die pistole gegen ihn hilt. Ich mein, ich hatte mein finger nich am abzug, das konnte er aber nich so richtig sen. Er blib erstaunt sten, dann fragte ich, »magst du nich deine pistole widerham?« Jetz is er »aufgewacht« und holte sie sich. Dann hatte er die pistole gegen mich gerichtet und da wurde es *mir* mulmig. Aber er wollte sich nur bedanken. Is schon gut.

Wenn ich beirische fargäste im auto hab, die beirisch reden, fang ich auch an beirisch zu reden. Ich kenn alle transfer-regeln, krig die wörter meistens richtig hin und meistens könnte ein beier nich sagen, was mit meim beirisch falsch is. Aber ich krig die melodie nich richtig hin, alles, was ich tun kann, is eine karikatur von beirisch. Also denken sich die beiern: »A beier is des ned und a preiss konn des aa ned sei, wei di preissn lerna des nia. – sog a moi, bist a jugo?« Das mag ich dann doch nich hören. Weil ich liber als das erkannt werd, was ich bin, als das, was ich nich bin.

Ich mag auch nich für ein deutschen gehalten zu werden. Das kommt manchmal vor, wenn ich es schaff, zen minuten am stück felerfrei zu reden. Es wird halt unangeneem, wenn der deutsche fargast ausländerfeindlich is und mich als komplize sit, »schau dir dise kanaken an«. Ich muss dann die leute aufklären und es entsteet immer eine peinliche situazion. »Natürlich mein ich nich leute so wie dich, ich mein dise asylanten, dise schmarotzer usw.«

Einmal musst ich ein typen von eim »stüberl« nach hause faren. Der merkte zimlich sofort, das ich ausländer war.

»Bist a türk?«

»Nein, ich bin brasilianer.«

»A ge, komm, gib zu, das du a türk bist!«

»Na ja, wenn es dich glücklicher macht …«

Und dann schimpft er auf die türken. Normalerweise sollt ich nich persönlich beleidigt sein, weil ich kein türke bin. Aber wenn er auf die türken schimpft und meint, ich bin ein türke, dann will er mich beleidigen. Ich überleg, ob ich ihn nich rausschmeißen soll, damit er ein deutschen taxifarer anhalten kann, aber die strecke is kurz und die hälfte is schon gefaren, die andre hälfte kann er eventuell zu fuss gen. Und er wird sicher nich zalen, wenn ich ihn rausschmeiss. Vor seim haus angekommen sagt er noch: »Und lasst unsere fraun in rue!« Ich antworte dann: »Ich lass sie in rue, aber sie lassen mich nich in rue. Ich weiß nich, was ir deutsche mit inen macht, das sie so unzufriden sind, aber vileicht solltet ir euch darüber ein par gedanken machen …«

Manchmal is es ein vorteil, ausländer zu sein. Einmal muss ich bei eim freund was abholen, park ganz schnell und ge rauf. Er läd mich gleich zu eim kaffee ein und ich kann da schlecht nein sagen. Also trink ich ein kaffee und noch einen. Halbe stunde später komm ich runter und da vorn wird ein wagen abgeschleppt. Ha, das wird den besitzer nich so richtig freun … eh, moment mal! Das is ja mein taxi! Was machen die denn da? Ich renn hin, das auto wird wider runtergelassen. Die polizisten schreiben alles auf, ganz billig wirds für mich nich. Nachdem der polizist meine daten aufgeschriben hat, fragt er: »Sie lallen ein bisschen! Ham sie was getrunken?«

»Nein, ich bin brasilianer und …«

»Ach so.« Und sie faren wek.

Normalerweise ham fargäste nix dagegen, das ich in München als ausländer taxi far, weil mein deutsch nich allzu weit von der perfekzion entfernt is (auch das deutsch, das die deutschen sprechen, is nich perfekt, aber doch etwas deutscher als das meinige). Aber manche fargäste regen sich dann auf, wenn das deutsch der ausländer nich perfekt is, und sie glauben, ein reinländer oder passauer, der seit ein par monaten in München wont und seit drei tagen taxi färt, sich besser auskennt als ein ausländer, der 40 oder 50 jare in München taxi färt. Normalerweise aber versteet jeder ausländer den namen einer straße. Aber fargäste müssen keine fargastprüfung machen und einmal hats ein chinese (oder wars ein vietnamese?) übertriben. Er stig zu mir ins auto und sagte: »Bin le ge sa se.« So was kenn ich nich. Er musste es widerholen und dann noch mal widerholen und noch mal. Nach einer minute musste ich aufgeben, da war nix zu holen. Da is ihm doch noch ein tipp eingefallen: »Fi de eng el.« Auch nich so leicht, aber da bin ich drauf gekommen: Er wollte zum Fridensengel in der Prinzregentenstraße. Gut, vileicht wars ein turist. Als ich in China war, hab ich dem farer gesagt, ich will zum banhof und er hat mich zum McDonald's gefaren.

Japaner sind da schon leichter zu versteen, weil sie, statt wie die chinesen eine komplexe silbe auf eine einfache silbe zu reduziren, die silbe mit mereren vokalen verseen, die im orginal nich drin sind. Wenn ein chinese aus eim »Prinz« ein »Bin« macht, macht der japaner ein »Pu-rin-tsu« daraus. Schon leichter zu versteen. Aber wenn sie mit durchgeknallten ideen daherkommen, hat man trotzdem probleme. Um mitternacht steigen mir drei japaner ins auto, direkt vom Holiday Inn Hotel.

»We want autoban.«

»Wat du yu meen, autoban? Thair ar menny autobans.«

»Autoban.«

»But wich autoban? Thair ar five or six going out from Munich!«

»We want autoban.«

Mann, was macht man in so eim fall?

»Wair du yu want tu go?«

»Autoban. Site-seeing.«

»Wat du yu meen, site-seeing??? It is midnite! It is dark! Yu cant see ennything!«

»Autoban. Hy speed.«

Ach so! Sie wollen sich eine deutsche autoban anschaun. Warscheinlich weil man hir so vil gas geben darf, bis das auto verreckt. Na gut. Wir nemen die nürnberger autoban, und da schau, es gibt sogar was zu sen, ein auto brennt lichterlo, nimand in der näe. Dann big ich in den autobanring und wir faren richtung Salzburg. Wärend der fart sind die japaner ganz begeistert. Oooooohhhh! Ooooooohhhh!

»German autoban, very good autoban!!«

Dabei gibt das disel-mercedes gar nich so vil her; wenn es bergab get, 170 sachen, sonst nur 160. Ein Porsche-taxi wär da schon geeigneter. Aber so schnell, 160, sind sie warscheinlich auch noch nie gefaren.

»Wat du yu think, german car better, japanese car better?«

Der kunde is immer könig: »Japanese car better.«

»Oooooohhh, senk yu!«

Dann fligen sie heim und erzälen: In Deutschland sind die autoban frei, man kann so schnell faren, wie man will, deshalb brennen aber auch überall die autos in der nacht.

Manchmal kann man sein geld als taxler nich so leicht verdinen. Einmal stand ich um zwei ur morgens am Hauptbanhof, als drei türken zu mir kamen. Sie konnten kein einziges wort deutsch. Sie drückten mir ein zettel in die hand: Offenbacher Str. nummer soundso, F. Ä? Ich kenn keine Offenbacher Str. in München. Oder stet dises F für Frankfurt?

»Frankfurt?«

»Frankfurt. *Kaac para*?«

Wie vil kostet? Na ja, 400 kilometer, also 800 mark (damals wars noch billig). Das wort für acht weiß ich noch auf türkisch, aber wie heisst 100? Ich schreibs liber auf ein zettel auf und zeig es inen. Ja, sagen sie, das is *tamam*, also OK. Sie steigen ein und wir faren los. Ich hab ein mulmiges gefül, was is, wenn die mich nur überfallen wollen? Oder wenn sie kein geld ham? Vileicht denken sie, das ich 800 türkische lire gemeint hab?

Also liber gleich vorkasse. Wie »vorauszalung« auf türkisch heisst, weiß ich natürlich nich. Aber geld. Ich halt an und verlang: »*Para!*«

»*Para ügürümüsü* usw. *arkadash* Frankfurt.«

Ich hab nich alles verstanden, aber genug: Sie ham kein geld, der freund in Frankfurt wird das zalen. Das sagen die, und wenn ers nich zalt? Oder was is, wenn wir ihn gar nich finden? Aber wie soll ich mit denen diskutiren? Sie können kein deutsch und mein türkisch reicht für eine ganz einfache frage, aber nich für eine diskussion. Ich hab nur zwei alternativen: Ich far sie oder ich far sie nich. Na ja, im zweifel immer fürs risiko. Wenn alles schif get, bin ich zen stunden umsonst gefaren, mein sheff wird hoffentlich nich noch fürs benzin geld wollen. Aber wenn es gut get, hab ich in zen stunden 400 mark mer, a haufa geld für ein jungen burschen. Ich far.

Die fart verläuft one zwischenfälle und ich muss mit den fargästen nich reden. In Frankfurt erreichen wir die adresse in der Offenbacher Straße, es is ein haus direkt an den gleisen, es is morgendämmerung und von menschen keine spur. Wir klopfen an der vordertür, an der hintertür, kein licht get an, mir wird verdammt mulmig. Am ende entdeck ich eine versteckte klingel und die betätige ich. Und sihe, tatsächlich gen lichter im haus an.

Großes und freudiges widersen, ich werd auch reingebeten. Dann sitzen wir da und nix passiert. Sie reden miteinander. Wo is meine kole? Jetz wird ein frühstückstisch gedeckt. Und was für ein frühstück! Ein brunch wars nich, weil es nich so richtig amerikanisch war. Aber ein bankett. Superessen, und mordsmäßig vil. Na ja, wenn ich kein geld krig, dann hab ich wenigstens gut gegessen.

Irgendwann mittendrin frag ich mal wider, was mit meim geld is, ich muss ja zurückfaren. Kommt gleich, kommt gleich, sagen sie. Ich denke, der mensch, der mich bezalen wird, is noch nich da. Aber nach einer stunde, ich kann nich mer essen, frag ich mal wider. Und einer der gastgeber zückt sein geldbeutel, zält acht scheine und gibt sie mir. Er hätte mich auch früer bezalen können, er war ja die ganze zeit da, aber sie wollten offensichtlich nich, das ich meine malzeit unterbrech.

Ärgerlich sind auch die blitze. Nich nur, das man manchmal geblitzt wird: In der taxlersprache, wenigstens in der münchner taxlersprache, stet das wort »blitz« für eine fart, die stattfinden sollte und nich stattfindet. Man wird am stand angerufen und die adresse gibts nich, oder die gibt's, aber nimand hat da ein taxi bestellt. Ich nem mal an, die meisten anrufe diser art werden von jungen leuten, ser jungen leuten getätigt. Dann schaut man vom fenster, wie das taxi rumfärt und der taxler rumgeet und sich ärgert. Andre anrufe werden von andren taxifarern getätigt, wenn sie ein stand lerfegen wollen, damit sie die ersten sind. Andre widerum wollen sich an irgendwelchen leuten rächen und schicken täglich um zwei oder drei ur morgens ein par taxis zu iren feinden hin. Einmal musste ich drei jumbo-pizzas in einer pizzeria abholen, ich sollte im voraus zalen. Natürlich kann ich so was verweigern, aber dann krig ich die fart nich. Also bin ich hingefaren, die drei jumbo-pizzas abgeholt und zur adresse gefaren, wo ich sie lifern sollte. Aber da war nimand; oder nimand hat aufgemacht. In der näe wont ein freund, ich fur hin, aber er war auch nich da. Also hab ich die pizzas gegessen. Danach hatte ich kein hunger mer.

Einmal musst ich eine frau in einer kneipe abholen. Nich gerade eine meiner liblingskneipen. Die frau, so um die 50, steigt ein und sagt, sie will zum Schiller Café. Wir faren los und sie fragt, wie vil das kosten wird. Was weiß ich, das sen wir schon, wenn wir da sind. Sie drückt mir 50 mark in die hand. Gut, 50 mark kostet es bestimmt nich, höchstens 20, aber ich behalt das geld, um später ir das wexelgeld zu geben. Wärend der fart erzält sie, das sie nach dem Schiller Café nach Salzburg faren will. Wie vil würde das kosten? Na ja, vileicht 300, vileicht

400 mark, müsst ich mal genauer nachschaun. Sie zit vir nagelneue hunnis aus der tasche und gibt sie mir.

»Oiso sie hoin mi um drei ur im Schiller Café und mir farn nach Soizburg.«

Klar, mach ma glatt. Sie erzält dann, wie man sich freut, wenn sie in Salzburg aufkreuzt. Wenn sie immer so spendabel is, kann ich mir das lebhaft vorstellen. Kurz vor der ankunft fragt sie, wie vil die fart kostet. Na ja, so um die 20 mark. Sie will mich schon wider bezalen, ich sag ir, sie hat ja schon für die fart gezalt. Aber sie lässt nich locker.

»Ich mein für die fart jetz!«

»Sie ham mir 50 mark gegeben!«

»Ich mein für die fart jetz!«

»Mein ich ja.«

Sie drückt mir noch 20 mark in die hand. Na ja, allzu vil will ich da nich diskutiren. Also 470 mark insgesamt.

Um drei far ich am café vorbei, aber sie is nich da. Also wie gesagt, auf dauer nervt das taxifarerleben schon, aber es is immer noch durchschnittlich abwexlungsreicher als in eim büro zu arbeiten. Und man kann dann die geschichten später immer noch in einer taxi-antologie verwenden. Antologien über abenteuer im büro gibt es äußerst selten. Natürlich: manchmal gibt es libesabenteuer. Die gibts im taxi auch. das is aber material für ein roman, nich für eine antologie, und ein roman krig ich heute abend nich mer hin.

Juan José Millás
Trau keinem über den Weg!

Grundsätzlich gebe ich allen Taxifahrern Recht, was auch immer sie behaupten mögen. Manche ziehen über die Demokratie her ohne dich vorher zu fragen, ob du rechts oder links bist, und dann antworte ich, Recht haben Sie, und lasse sie weiterfluchen, denn ich habe schon festgestellt, dass, wenn ich stumm bleibe, sie dir ihre Meinung erläutern, und inzwischen wird mir ja richtiggehend übel, wenn sie die ganze Geschichte ihrer Bekehrung erzählen, weshalb sie nun die Demokratie zum Teufel schicken. Das Problem dabei ist, dass es ihnen zu Kopf steigt, wenn man zu allem, was sie so von sich geben, Ja und Amen sagt, und dir dann zwischen Moncloa und Velázquez einen Vortrag über wer weiß was halten. Schlimmer noch sind allerdings die schweigsamen Taxifahrer, denn die schauen dich durch den Rückspiegel an, als ob sie die ganze Zeit über in Gedanken deine Mutter verfluchen.

In diesen so besonderen Tagen um Weihnachten habe ich nun Stichproben ohne jeglichen statistischen Anspruch gemacht, um zu sehen, wie es in Taxis zugeht, und sieh mal einer an, gerade gestern nahm ich eines, dessen Fahrer einen Sermon losließ, dass sich in der Welt der Taxifahrer fünftausend Schwarzarbeiter tummeln, die fünfzig Millionen Peseten pro Tag umsetzen.

»Sicher«, sagte ich (ich erwähnte schon, dass ich Taxifahrern grundsätzlich immer Recht gebe).

»Wollen Sie wissen, wer diese Schwarzarbeiter sind?«

»Nun … ja.«

»Polizisten und Feuerwehrleute. Aber hauptsächlich Polizisten.«

»Und diejenigen, die auf die Demokratie schimpfen, sind das Polizisten oder Feuerwehrmänner?«

»Von allem etwas.«

Er ließ mich an der Plaza Cibeles raus und dort nahm ich ein anderes Taxi. Ich bat den Fahrer mich zur Plaza de la Ópera zu fahren und im ersten Stau begann ich die Demokratie zu verfluchen, um zu sehen, was passieren würde.

»Das sage ich schon seit zwanzig Jahren.«

»Sind Sie angestellt oder selbstständig? Feuerwehrmann oder Polizist?«

»Wissen Sie, ich bin das, worauf ich gerade Bock habe.«

»Aber natürlich, Señor.«

Ich folgerte daraus, dass ich einen wunden Punkt getroffen hatte, und entschloss mich mit meiner Untersuchung fortzufahren. Dieses Mal nahm ich ein Taxi an der Plaza Neptuno und wies den Fahrer an mich nach Móstoles zu bringen, damit wir Zeit hätten, uns zu unterhalten. Was mich als Erstes überraschte, war ein gut sichtbar angebrachtes Schild, auf dem stand: Rauchen erlaubt.

»Nanu«, sagte ich, »so ein Schild sehe ich zum ersten Mal.«

»Obwohl ich selbst nicht rauche; letzten Monat habe ich aufgehört.«

»Also, das ist eine tolerante Geste, die Sie wirklich ehrt.«

»Natürlich, Mann, man muss die Menschen nehmen, wie sie sind.«

In diesem Augenblick schnitt ihn ein Radfahrer und er musste eine Vollbremsung hinlegen. Ich beschloss ihn auf die Probe zu stellen.

»Ich scheiß auf die Demokratie!«

Nachsichtig schaute mich der Mann durch den Rückspiegel an und meinte nur, ich solle doch nicht die Begriffe durcheinander werfen. Sofort gab ich ihm Recht und erzählte ihm, dass ich gerade auf eigene Faust das Verhalten von Taxifahrern während der Weihnachtszeit untersuchte.

»Man hat mir übrigens auch erzählt, dass es viele Schwarzarbeiter gibt«, fügte ich noch hinzu.

»Sehr viele sogar, im Taxigewerbe sind viele Polizisten tätig und wir zahlen weder Sozialabgaben noch sonst etwas. Und außerdem geschieht dir nichts, wenn man dich wegen irgendetwas anhält, denn du wirst ja von einem Kollegen kontrolliert. Sie würden dasselbe tun, denn der Mensch hält von Natur aus zu seinesgleichen.«

»Schriftsteller nicht«, erwiderte ich, »die können sich untereinander nicht leiden. Ich kenne einige, die, wenn sie Polizisten wären, ihre Zeit damit verbringen würden, uns alle festzunehmen. Oder uns anzuzeigen.«

»Wegen Schwarzarbeit?«

»Oder weil man raucht, je nachdem.«

»Und Sie? Sind Sie Raucher oder Schwarzarbeiter?«

»Beides.«

»Sie sind hiermit verhaftet«, sagte er und zeigte mir seine Dienstmarke.

»Aber sind Sie denn nun Taxifahrer oder Polizist?«

»Ich bin Schriftsteller, du Idiot. Und deshalb hast du es dir verscherzt.«

Die Autoren

Klaus Bittermann lebt in Berlin, betreibt seit 1979 die berühmte Edition Tiamat im Alleingang und schreibt u.a. für die *tageszeitung* und das *Kritische Tagebuch* des WDR. Er schrieb unter dem Pseudonym Artur Cravan eine Berlin-Krimi-Trilogie. Letzte Buchveröffentlichungen: *Strandgut der Geschichte* (2001), *Noch alle Schweine im Rennen?* (2001). © Klaus Bittermann, 2002

Tanja Dückers, 1968 in Berlin geboren, studierte Amerikanistik und Germanistik. Seit 1988 schriftstellerische Tätigkeit in deutscher und englischer Sprache. Sie erhielt das Stipendium der Villa Aurora nach Los Angeles, ein Reisestipendium des Berliner Senats für Kulturelle Angelegenheiten nach Barcelona und den 1. Preis für Reiseliteratur des Westfälischen Literaturbüros in Unna. Neben zahlreichen Lyrikbänden und Beiträgen in Anthologien veröffentlichte sie u.a. die Romane *Spielzone* (1999) und *Himmelskörper* (2002) sowie gemeinsam mit dem Filmkomponisten Bertram Denzel die CD *Falsche Sprache Richtige Sehnsucht* (2002). Tanja Dückers lebt in Berlin. © Tanja Dückers, 2000

Jess Jochimsen, geboren 1970 in München, lebt als Kabarettist und Autor in Freiburg. Er studierte Germanistik, Politik und Philosophie. Seit zehn Jahren tritt er mit wechselnden Programmen auf, außerdem schreibt und fotografiert er jede Woche die Kolumne »Foto Love Story« für das Magazin der *Frankfurter Rundschau.*

Bei dtv sind von ihm erschienen: *Flaschendrehen oder: Der Tag, an dem ich Nena zersägte* (2002), *Das Dosenmilch-Trauma. Bekenntnisse eines 68er-Kindes* (2000). In diesem Buch findet sich der erste Abschnitt der Taxi-Geschichte in veränderter Form. Die Fortsetzung wurde exklusiv für den vorliegenden Band verfasst. Sie ist der Synchronstimme von Robert De Niro gewidmet, die einst in Freiburg wohnte. © Jess Jochimsen, 2002

Andreas von Klewitz wurde1960 in Wiesbaden geboren. Er studierte Slavistik und Ost- und Südosteuropäische Geschichte (M.A.), seit 1993 ist er als freier Autor und Übersetzer tätig. Er ist Gestalter mehrerer Dokumentarfilme, Mitautor und Mitherausgeber von Büchern zu zeitgeschichtlichen und kulturellen Themen. Ein eigener Band über Architekturdenkmäler in Polen erscheint im Herbst 2002. Andreas von Klewitz lebt in Berlin. © Andreas von Klewitz, 2002

Judith Kuckart, geboren 1959 in Schwelm (Westfalen), lebt nach dem Studium der Literatur- und Theaterwissenschaften und einer Tanzausbildung als Autorin und Regisseurin in Zürich und Berlin. Neben einigen Theaterstücken erschienen von ihr die Romane *Wahl der Waffen* (1990), *Die schöne Frau* (1994), *Der Bibliothekar* (1998) und *Lenas Liebe* (2002). Judith Kuckart wurde u.a. mit dem Rauriser Literaturpreis und dem Stipendium der Villa Massimo ausgezeichnet. Abdruck mit freundlicher Genehmigung des Eichborn Verlages aus: *Der Bibliothekar.* © Eichborn AG, Frankfurt am Main 1998

Christian Litz, Jahrgang 1963, aufgewachsen in Mühlbach, Studium in München, Tageszeitungsredakteur, seit 1990 freier Autor für verschiedene Magazine, verheiratet, ein Sohn, seit kurzem Hamburger. © Christian Litz, 2002

Malediva wurde 1997 von Tetta Müller, Lo Malinke und dem Musiker Florian Ludewig gegründet (www.malediva.com) und 2000 mit dem Kritikerpreis der *Berliner Zeitung* ausgezeichnet.

Tetta Müller und Ehemann *Lo Malinke* wurden 1970 geboren

und leben in Berlin. Der Erste studierte Germanistik und Lateinamerikanistik, der Zweite Anglistik und Theaterwissenschaft. Tetta arbeitete im Verkauf, Lo war als Kellner, Platzanweiser und Altenpfleger tätig. © Lo Malinke, 2002

Juan José Millás, 1946 in Valencia geboren, in Madrid aufgewachsen. Er studierte Philosophie, brach das Studium aber ab, um sich seiner schriftstellerischen und journalistischen Arbeit – u.a. für *El País* – widmen zu können. Juan José Millás hat zwei Kinder und lebt in Madrid. Er wurde mit zahlreichen literarischen Auszeichnungen geehrt, u.a. mit dem Premio Nadal und dem Premio Primavera. Auf Deutsch sind von ihm erschienen: *Dein verwirrender Name* (1990) und *Das war die Einsamkeit* (1991). Die Taxi-Geschichte stammt aus dem bisher nicht auf Deutsch erschienenen Erzählband *Cuentos de la Intemperie*. Deutsch von Silvia Schmid. © Juan José Millás, 2001

Luci van Org, Mehrzweckentertainerin, wurde 1971 in Berlin geboren. Sie war bis 1999 die weibliche Hälfte des Popduos »Lucilectric«. Seither wandelt sie musikalisch auf Solopfaden und komponiert, textet und produziert für Künstler wie Nena, Udo Lindenberg oder Heinz Hönig. Des Weiteren hält sie ihr Gesicht in Kino- und Fernsehfilmen vor die Kamera, schreibt Kolumnen und Reportagen für die *Berliner Morgenpost* und ist jeden Freitagabend beim Berliner Radiosender Fritz als Moderatorin zu hören. © Luci van Org, 2002

Iva Pekárková, 1963 in Prag geboren, studierte Mikrobiologie, bis sie 1983 zuerst nach Österreich und schließlich in die USA auswanderte. In New York arbeitete sie als Barkeeper, Sozialarbeiterin und Taxifahrerin. Heute lebt sie wieder in Prag. Veröffentlichungen: *Truck Stop Rainbow* (auf Deutsch 1995) und *Taxi Blues* (2000). Abdruck mit freundlicher Genehmigung des Piper Verlages aus: *Taxi Blues*. Deutsch von Marcela Euler. © Piper Verlag GmbH, München 2000

Burkhard Peter wurde 1961 in Wuppertal geboren. Er studierte Foto- und Filmdesign an der FH Dortmund. Seit 1991 ist er als freiberuflicher Fotograf in den Bereichen Portrait, Reportage, Fotoessay für verschiedene Zeitungen, Zeitschriften und Verlage tätig. Burkhard Peter lebt in Berlin. © Burkhard Peter, 2002

Michael Reitz wurde 1957 in Köln geboren, hat zu viel studiert (Philosophie und Kunstgeschichte) und arbeitet heute als freier Journalist und Drehbuchautor für die geschlossenen Anstalten der ARD. Von ihm stammen zahlreiche Radiobeiträge zu kulturellen Themen sowie mehrere Veröffentlichungen: *Mann, das tut gut* (1999), *Reise um den Tag in achtzig Welten* (Essay, 1999). © Michael Reitz, 2002

Zé do Rock is vor verdammt langer zeit in Brasilien geboren, hat nix studiert, aber 14 630 tage geleebt, 1357 litter alkohol gesoffen, 940 stunden flöte und 648 stunden fussbal gespilt, 200 000 km in 1457 autos, flugzeugen, schiffen, zügen, oxenkarren und traktoren geträmpt, 111 länder und 16 gefängnisse besucht, sich 8 mal verlibt, 2 bücha geshriben, ein film gedreet, eine kunstsprache erfunden, ein vereinfachtes deutsh kreirt und er lebt noch heut, meist in München. © Zé do Rock, 2002

Walter Saller, 45 und gebürtiger Bayer, lebt als freier Autor in Berlin. Er schreibt Kurzgeschichten, Erzählungen und arbeitet regelmäßig für Zeitschriften wie *Geo, Mare* oder das Magazin der *Süddeutschen Zeitung*. © Walter Saller, 2002

Burkhard Spinnen wurde 1956 in Mönchengladbach geboren. Er studierte Germanistik, Promotion 1989, und war bis 1995 wissenschaftlicher Assistent an der Universität Münster. Seitdem ist er freier Schriftsteller, lebt in Münster, ist verheiratet und hat zwei Söhne. Zahlreiche literarische und essayistische Veröffentlichungen, zuletzt sind von ihm erschienen: *Belgische*

Riesen (Roman, 2000) *Bewegliche Feiertage* (Essays, 2000). © Burkhard Spinnen, 2002

Alexander Subtil wurde 1979 in Frankfurt am Main geboren. Er studiert Germanistik, Politik und Allgemeine Sprachwissenschaft in Marburg. Subtil schreibt Romane und ist freier Mitarbeiter der Tageszeitung *junge welt*. Darüber hinaus verfasst er Songtexte für die Experimentalband *Gegengift*. Nähere Informationen dazu unter www.Gegengift.net. © Alexander Subtil, 2002

Ilija Trojanow wurde 1965 in Sofia geboren, ist aufgewachsen in Nairobi, studierte Jura, Ethnologie und Havarie in München. 1989 gründete er den Marino Verlag. Er ist Autor und Publizist und lebt seit 1998 in Bombay. Veröffentlichungen: *In Afrika* (1993), *Hüter der Sonne* (Text-/Bildband mit Chenjerai Hove, 1996), *Die Welt ist groß und Rettung lauert überall* (Roman, 1996), *Hundezeiten. Heimkehr in ein fremdes Land* (1999), *Der Sadhu an der Teufelswand, Reportagen aus einem anderen Indien* (2001). Ilija Trojanow wurde 1995 mit dem Bertelsmann Literaturpreis, 1996 mit dem Marburger Literaturpreis und 2001 mit dem Adalbert-von-Chamisso-Preis ausgezeichnet. © Ilija Trojanow, 2002

Kleine Philosophie der Passionen

Zum Selberlesen und Verschenken – für alle, die bereits einer Leidenschaft erlegen sind oder ihre wahre Passion noch suchen

Hans Helmut Hillrichs
Pilze sammeln
dtv 20365

Roswin Finkenzeller
Schach
dtv 20218

Sky Nonhoff
Schallplatten
dtv 20417

Rainer Moritz
Schlager
dtv 20362

Sylvia Bieker
Christine Ellinghaus
Schuhe
dtv 20320

Dietrich Schwanitz
Angela Denzel
Schweiz – Liebesprobe jenseits der Baumgrenze
dtv 20419

John von Düffel
Schwimmen
dtv 20321

Karl Forster
Segeln
dtv 20038

Michael Knopf
Spielen
dtv 20266

Christian Ude
Stadtradeln
dtv 20364

Franz Josef Görtz
Telefonieren
dtv 20319

Dieter Hildebrandt
Tennis
dtv 20264

Margaret Minker
Umziehen, umräumen, umbauen
dtv 20099

Arnulf Conradi
Vögel
dtv 20098

Thomas Karlauf
Wein
dtv 20216

Kleine Philosophie der Passionen

Zum Selberlesen und Verschenken – für alle, die bereits einer Leidenschaft erlegen sind oder ihre wahre Passion noch suchen

Frank Lämmel
Autofahren
dtv 20164

Heiner Geißler
Bergsteigen
dtv 20039

Eva Gesine Baur
Dessous
dtv 20265

Gabriele von Arnim
Essen
dtv 20215

Barbara Bronnen
Friedhöfe
dtv 20096

Johannes Dräxler
Harald Braun
Fußball
dtv 20162

Peter Würth
Gärtnern
dtv 20036

Bernd C. Sucher
Gäste
dtv 20097

Bernd Schroeder
Handwerken
dtv 20267

Elfriede Hammerl
Hunde
dtv 20037

Florian Felix Weyh
Internet
dtv 20454

Renate Just
Katzen
dtv 20095

Willi Winkler
Kino
dtv 20486

Arno Makowsky
Kochen
dtv 20455

Ulrich Pramann
Laufen
dtv 20161

Burkhard Spinnen
Modelleisenbahn
dtv 20217

Moritz Holfelder
Motorrad fahren
dtv 20363

Stephan Lebert
Harry Nutt
Pferderennen
dtv 20418

Das Bären-Buch

Herausgegeben von
Franz Josef Görtz und Hans Sarkowicz

dtv 20375

Bären sind unsere ersten Lebensabschnittsgefährten, sind intime Vertraute und verläßliche Seelentröster. Die beiden Herausgeber haben sich dem Phänomen Bär in seiner ganzen Bandbreite gewidmet und in diesem vergnüglichen Lesebuch Geschichten, Porträts und Interviews versammelt.

Neben Erkundungen über den wilden Bären finden sich Antworten auf die Fragen, warum er tanzt, was er im Zirkus zu suchen hat und warum er in Literatur, Kunst und Werbung so beliebt ist. Im Mittelpunkt aber steht der Teddybär, denn diese frühe Herzensbindung, so wissen Liebhaber, ist abgrundtief echt und vollkommen gegenseitig.

»Das ›Bären-Buch‹ ist in jeder Hinsicht eine freudige Überraschung.«
Kölner Stadt-Anzeiger

»Für Bären-Liebhaber ein Muß!«
Donau-Kurier